p

de la cuisine sans gluten

petite bible de la cuisine sans gluten

Louise Blair

marabout

Publié pour la première fois en Grande-Bretagne
en 2011 sous le ttre *200 gluten-free recipes*.

Crédits photos © Octopus Publishing Group Limited/
William Shaw, sauf les photos suivantes : Fotolia/JJAVA
page 15 ; Octopus Publishing Group/Emma Neish
pages 2, 4, 151, 153, 155, 157, 159, 163, 169,
185, 187, 193, 197, 199, 201, 203, 205, 207,
211, 213, 215, 217, 219, 221, 223, 225, 227,
229, 231, 233 ; Lis Parsons pages 16, 92, 143 ;
Craig Robertson pages 23, 33, 51, 53, 63, 119,
123, 129, 139, 141, 161, 165 ;
Ian Wallace page 144.

Traduit de l'anglais par Céline Petit.
Mise en pages : les PAOistes.
Relecture-correction : Clémentine Bougrat.
Suivi éditorial : Natacha Kotchetkova.

Pour l'éditeur, le principe est d'utiliser des papiers
composés de fibres naturelles, renouvelables,
recyclables et fabriquées à partir de bois issus de forêts
qui adoptent un système d'aménagement durable.
En outre, l'éditeur attend de ses fournisseurs de papier
qu'ils s'inscrivent dans une démarche de certification
environnementale reconnue.

ISBN : 978-2-501-07616-6
Dépôt légal : janvier 2012
41.0362.8 **/02**
Imprimé en Espagne par Impresia-Cayfosa

sommaire

introduction

Grâce à ce livre, vous allez découvrir qu'il n'est pas si difficile ni compliqué de cuisiner pour une personne atteinte de la maladie cœliaque. En vérifiant soigneusement les étiquettes des produits que vous achetez et en vous fondant sur les recettes de ce livre, vous pouvez préparer et savourer de nombreux plats, des soupes et entrées aux plats principaux, en passant par les desserts, les gâteaux et la pâtisserie. Il existe des variantes sans gluten de toutes les recettes qui vous font envie, y compris pour le pain et les biscuits. Les recettes de plats, d'en-cas et de goûters peuvent être intégrées à un repas complet, mais vous trouverez également de quoi satisfaire toutes les envies de la journée. Avec la pratique, ces recettes sans gluten vous seront de plus en plus familières et cuisiner ainsi deviendra un jeu d'enfant.

qu'est-ce que le gluten ?

Le gluten est un mélange de protéines que l'on trouve dans un certain nombre de céréales, notamment dans le blé, l'orge et le seigle. Il peut également être présent dans l'avoine si cette dernière est traitée au même endroit que les céréales précédentes, qui peuvent alors la contaminer. Cependant, certaines personnes sont également sensibles à l'avoine pure et non contaminée. Le gluten donne de l'élasticité à la pâte, l'aide à lever et à garder sa forme, et donne au produit final une texture souple. Les céréales qui en contiennent constituent souvent la base du pain, des gâteaux, de nombreux plats industriels et des produits céréaliers : trouver des aliments sans gluten peut se révéler un véritable défi. Si vous ressentez une sensibilité accrue au gluten, qui se manifeste souvent par des symptômes désagréables, il est indispensable d'éliminer ces produits de votre alimentation, de votre liste de courses et de votre cuisine.

qu'est-ce que la maladie cœliaque ?

On l'associe souvent à une hypersensibilité au gluten provoquant une irritation de la paroi de l'intestin grêle. Il ne s'agit pas d'une allergie ou d'une intolérance alimentaire, mais d'une maladie auto-immune : le corps produit des anticorps qui agissent contre les protéines de gluten. Les anticorps, qui s'attaquent en principe aux bactéries et aux virus, irritent alors les parois de l'intestin grêle.

causes, symptômes et troubles à long terme

La paroi de l'intestin grêle est recouverte de millions de structures semblables à des doigts, appelées « villosités ». Lorsque les anticorps s'en prennent au gluten, ils provoquent des irritations qui « aplatissent » ces villosités. Les nutriments sont alors moins bien absorbés par l'organisme, ce qui engendre des carences telles que l'anémie.

Il existe également d'autres symptômes plus ou moins graves, notamment la diarrhée, des ballonnements, des douleurs abdominales, une fatigue excessive ou encore des sensations de faiblesse. On confond souvent les symptômes de la maladie cœliaque avec ceux du côlon irritable ou de l'intolérance au blé, dont les manifestations sont similaires. De plus, les symptômes peuvent varier d'une personne à l'autre : chez le tout-petit, la maladie cœliaque peut avoir des conséquences sur la croissance ; chez l'enfant, elle provoque une perte de l'appétit, modifie le fonctionnement du côlon et provoque l'anémie ; enfin, chez l'adulte, l'anémie, la diarrhée, la fatigue chronique, la perte de poids et les autres troubles abdominaux

font partie des symptômes. Cette maladie peut également provoquer des maux de tête, la perte des cheveux, l'érosion de l'émail dentaire et des douleurs articulaires.

Une maladie cœliaque non traitée ou non diagnostiquée peut engendrer les conséquences suivantes :

- infertilité féminine, incluant des fausses couches répétées ;
- croissance insuffisante des bébés pendant la grossesse ;
- ostéoporose, érosion des os ;
- risque accru de cancer du côlon, de lymphome intestinal et de cancer de l'œsophage.

Un régime sans gluten permet de réduire ces différents symptômes et d'autres, comme les aphtes et des dermatites herpétiformes, mais aussi de diminuer les risques de cancer.

qui souffre de la maladie cœliaque ?

La maladie cœliaque touche environ 1 à 3 % des Européens. Seuls 10 à 20 % des malades sont correctement diagnostiqués. Tout le monde, à n'importe quel âge, peut en souffrir, mais les enfants de 6 mois à 1 an et les jeunes adultes entre 20 et 40 ans sont les plus touchés.

La maladie cœliaque peut être héréditaire ; 1 personne sur 5 aurait des prédispositions génétiques. Ainsi, si un membre de votre famille proche en souffre, vous avez 1 risque sur 10 d'en être victime. De la même façon, si vous souffrez d'une autre maladie auto-immune, par exemple de problèmes de thyroïde, d'arthrite rhumatoïde ou d'un diabète de type 1, vous pouvez alors présenter des prédispositions pour la maladie cœliaque.

diagnostic et traitement

Si vous pensez souffrir de la maladie cœliaque, n'éliminez pas le gluten immédiatement de votre alimentation. Commencez par consulter votre médecin, qui réalisera un examen sanguin pour déterminer si les anticorps qui agissent contre le gluten sont présents dans votre sang. Le cas échéant, il faudra peut-être procéder à une biopsie de la paroi de l'intestin grêle, à la recherche de preuves de la maladie. Si vous cessez de consommer du gluten avant de réaliser ces tests, ces derniers peuvent être négatifs.

Si le test est positif, il faudra alors éliminer le gluten de votre alimentation pour toute votre vie. Les symptômes disparaîtront au bout de quelques semaines et votre intestin grêle guérira de lui-même. Cependant, ils reviendront aussitôt que vous ingérerez une petite quantité de gluten. Votre médecin peut vous recommander de voir un nutritionniste qui vous aidera à gérer cette maladie et vous expliquera ce que vous pouvez et ne pouvez pas consommer. N'oubliez pas que si elle n'est pas soignée, la maladie cœliaque peut provoquer l'anémie et l'ostéoporose. Mieux vaut ne pas l'ignorer.

suivre un régime sans gluten

Le gluten est présent dans tous les produits qui contiennent du blé, de l'orge et du seigle, et très souvent aussi dans ceux à base d'avoine (en raison de la contamination). Il faudra donc prêter une attention particulière aux produits que vous achetez et à la façon dont vous les préparez.

La plupart des fabricants signalent sur leurs produits qu'ils ne contiennent pas de gluten ; ils utilisent parfois le symbole d'un grain de blé barré. Même si l'emballage ne vous donne pas d'informations précises, la liste des ingrédients vous permettra de vérifier que le produit est dépourvu de gluten.

Pour certains produits, comme le pain, les gâteaux, les pâtisseries, les biscuits et les pâtes, la teneur en gluten est évidente. Cependant, d'autres aliments industriels, comme les soupes, les chips et les saucisses, peuvent également en contenir, ce qui implique donc de bien étudier l'étiquette. Pas de problème ! Explorez donc le monde merveilleux des aliments naturellement sans gluten (voir ci-dessous) que vous pourrez utiliser pour réaliser des plats délicieux. Enfin, les recettes de ce livre vous montreront que cuisiner sans gluten peut être à la fois amusant, simple, rapide et délicieux !

les aliments naturellement sans gluten

- Les fruits et légumes, y compris les pommes de terre.
- La viande non transformée, la volaille, le poisson et les fruits de mer.
- Les fromages non transformés, le beurre, le lait et les produits uniquement à base de lait, y compris la crème.
- Les œufs.
- Le tofu.
- Les huiles alimentaires.
- Le sucre, le bicarbonate de soude, la crème de tartre et la levure.
- Les noix pures, les graines et les légumineuses.
- Le riz et ses dérivés, comme les nouilles de riz et la farine de riz (voir page 13).
- Les céréales sans gluten et leurs dérivés, comme les pâtes de sarrasin, la polenta et la farine de maïs.
- Le yaourt nature.
- Le vinaigre.

- Les matières grasses.
- Le café et le thé.
- Les herbes aromatiques et les épices.

N.B. : certaines céréales naturellement sans gluten sont traitées au même endroit que le blé, l'orge et le seigle, ce qui peut engendrer des contaminations.

les aliments qui contiennent du gluten

- Le blé, l'orge, le seigle et leurs produits dérivés, comme les pâtes, les nouilles, le boulgour et le couscous.
- Le pain, les gâteaux, les biscuits, les céréales du petit déjeuner qui contiennent du blé, de l'orge et de la farine de seigle.
- La poudre à lever.
- Les aliments enrobés de panure, de pâte à beignets ou farinés.
- Toutes les bières.
- Les boissons à base d'orge et d'orge maltée au lait.

- Certaines moutardes utilisent le blé comme épaississant.
- La sauce soja chinoise, produite habituellement à partir de blé fermenté.
- Certains assaisonnements prêts à l'emploi, sauces, soupes et bouillons en cubes.
- Certaines saucisses.

les produits du commerce sans gluten

De la même façon que vous pouvez acheter des ingrédients de base sans gluten, vous pouvez aussi acheter des produits transformés dans lesquels les ingrédients classiques sont remplacés par des produits sans gluten. Étudiez donc les rayons de votre supermarché et vous découvrirez une offre croissante de produits sans gluten, de pains, de biscuits et de pâtes d'une qualité bien supérieure à celle que l'on connaissait il y a quelques années.

Néanmoins, ces produits ne copient pas à l'identique les produits traditionnels, dans la mesure où c'est le gluten qui fait lever le pain et les gâteaux. Si vous êtes déçu par un produit, ne baissez pas les bras : essayez une autre marque ! Quand vous testerez certaines recettes de ce livre, vous serez surpris de voir comment certains ingrédients sans gluten ressemblent à s'y méprendre aux produits classiques.

les indispensables du placard

Il existe donc de nombreux produits qui ne contiennent naturellement pas de gluten, comme la viande et le poisson, les produits laitiers, les fruits frais et les légumes, le riz et les légumineuses à l'état brut. Pourtant, il vous arrivera parfois de souhaiter réaliser des recettes comme une béchamel, des gâteaux, du pain ou encore des plats à base de pâtes ou de nouilles, pour lesquelles vous devrez trouver un substitut.
Voici une liste d'ingrédients à vous procurer pour réaliser quand bon vous semble les recettes de ce livre.

farines

Vous trouverez des mélanges de farines et des farines sans gluten qui peuvent être utilisés en pâtisserie et en cuisine, comme la farine de riz, de pois chiche, de soja, de maïs, de sarrasin ou de millet et la fécule de pomme de terre ou de maïs. Si votre supermarché n'en commercialise pas, vous pouvez vous les procurer dans les magasins biologiques ou les commander en ligne. Inutile de toutes les acheter ; la farine de riz convient parfaitement à un usage polyvalent, tandis que la fécule de maïs est parfaite pour les sauces et pour épaissir les plats mijotés. Cela ne vous empêche pas de faire vos propres expériences avec d'autres farines.

gomme xanthane

Cette poudre est une aide formidable à la pâtisserie et donne, dans une certaine mesure, l'élasticité qui manque aux farines sans gluten. Ajoutez-en un peu à vos farines pour rendre le pain moins friable et pour que vos pâtons soient plus faciles à rouler et à manipuler. Elle est disponible dans les magasins biologiques et dans certaines grandes surfaces. Dans ce livre, nous n'avons utilisé cette gomme que lorsque c'était nécessaire, en jouant avec les mélanges ou les farines pour obtenir de meilleurs résultats. On l'emploie souvent dans les recettes de pains, de scones, de gâteaux et de biscuits.

poudre à lever sans gluten

La poudre à lever classique contient du gluten, mais on en trouve maintenant sans gluten dans les rayons pâtisserie des super-

marchés. D'un autre côté, le bicarbonate de soude et la crème de tartre en sont naturellement dépourvus. Vous pouvez donc réaliser votre propre poudre à lever sans gluten en mélangeant 2 mesures de bicarbonate de soude avec 1 mesure de crème de tartre.

pâtes

Les pâtes sans gluten sont de plus en plus courantes. Les nouilles à base de riz sont sans gluten, de même que les sobas japonais, à base de sarrasin.

céréales

Le quinoa complète à merveille une alimentation sans gluten, en apportant une excellente source de protéines. Il remplace très bien le couscous et le boulgour dans les salades et en accompagnement des plats. La polenta peut s'utiliser en pâtisserie et remplace également la chapelure. En tant que féculent, elle peut aussi remplacer les pâtes.

légumineuses

On utilise les lentilles et les haricots dans les plats mijotés, mais ils sont aussi délicieux dans les salades ou en accompagnement.

fromages et produits laitiers

Les fromages non transformés ne contiennent pas de gluten et sont donc un produit parfait à garder sous la main au réfrigérateur. N'en abusez pas pour autant, car ils sont riches en matières grasses ! Le lait et les yaourts nature ne contiennent pas de gluten. N'hésitez pas à vous pencher sur les étiquettes des autres produits laitiers pour trouver ce qui vous convient.

La cuisine sans gluten peut parfois vous conduire à faire des essais et à vous tromper, car ces ingrédients ne possèdent pas les mêmes propriétés que les ingrédients classiques. Ne baissez pas les bras si vous n'obtenez pas tout de suite de bons résultats, vous finirez par y arriver. Votre famille appréciera les recettes de ce livre et ce régime sans gluten.

contamination

Vous avez arrêté de consommer du gluten, vous avez exploré les produits disponibles et avez en main votre liste de courses (voir pages 11 à 13)... Mais il faut savoir que les produits peuvent facilement se contaminer, par exemple en mettant du beurre contaminé par des miettes de pain classique sur votre toast sans gluten, en utilisant le même grille-pain pour le pain normal et sans gluten, ou encore en remuant une préparation sans gluten avec une cuillère qui a servi pour une sauce qui contient de la farine de blé. Il suffit d'une très petite quantité de gluten pour déclencher les symptômes de la maladie cœliaque. Les conseils suivants sont simples, mais importants, et doivent être intégrés à votre quotidien.

à la maison

- Conservez les farines sans gluten à part.
- Utilisez des cuillères et des couteaux distincts pour préparer des aliments sans gluten.
- Gardez une passoire, un rouleau à pâtisserie, un pinceau et une planche à découper « sans gluten ».
- Nettoyez bien toutes les surfaces avant de cuisiner et de manger.

au restaurant

Consultez à l'avance le menu du restaurant où vous devez vous rendre et informez le serveur de votre situation avant votre visite. Il peut y avoir du gluten caché dans les sauces, les panures, la béchamel ou les bouillons en cube. De nombreux chefs seront ravis de vous cuisiner quelque chose en suivant vos conseils.

en cas d'erreur

Si vous avez mangé du gluten par erreur, vous en ressentirez généralement les symptômes quelques heures après le repas. Ces effets peuvent durer de quelques heures à plusieurs jours, selon votre sensibilité. À vous de choisir entre traiter ces symptômes ou attendre d'aller mieux. Si vous subissez une diarrhée ou des vomissements, hydratez-vous en buvant beaucoup d'eau. Certaines personnes prennent des médicaments contre la constipation, la diarrhée ou les maux de tête pour apaiser ces symptômes ; parlez-en à votre médecin ou à votre pharmacien. Le plus important est de revenir aussi vite que possible à votre alimentation sans gluten et de prévenir le retour de ces symptômes. Si ces derniers sont graves ou que vous ne remarquez pas d'amélioration, consultez votre médecin.

petits déjeuners & brunchs

muesli maison

Pour **4 personnes**
Préparation **5 minutes**
+ refroidissement
Cuisson **20 minutes**

100 g de **noix de coco** râpée
100 g d'**amandes** effilées
100 g de **noisettes** émondées
100 g de **graines de tournesol**
250 g de **flocons de sarrasin**
250 g de **flocons de millet**
100 g de **mangue séchée** en tranches
100 g de **raisins sultanines**

Répartissez la noix de coco sur une feuille de papier sulfurisé. Faites-la dorer au four préchauffé à 150 °C pendant environ 20 minutes, en remuant toutes les 5 minutes, pour obtenir une couleur uniforme. De la même façon, faites torréfier les amandes effilées, les noisettes et les graines de tournesol, en veillant bien à ce qu'elles ne brûlent pas. Laissez refroidir puis hachez grossièrement les noisettes.

Mélangez tous les ingrédients dans un récipient profond. Conservez dans un récipient hermétique pendant 1 à 2 semaines.

Pour du Bircher muesli maison, mélangez dans un grand bol les flocons de millet, la mangue séchée et les raisins secs, ainsi qu'une pomme rouge évidée et râpée. Ajoutez 300 ml de jus de pomme, couvrez et mettez au réfrigérateur pour la nuit. Ajoutez 200 g de mélange de fruits à coque torréfiés et grossièrement hachés, 125 ml de yaourt nature et un peu de miel avant de servir.

granola et compote de fruits rouges

Pour **4 personnes**
Préparation **10 minutes**
+ refroidissement
Cuisson **35 minutes**

200 g de **flocons de sarrasin**
25 g de **graines de tournesol** torréfiées
25 g de **graines de courge** torréfiées
25 g de **graines de sésame** torréfiées
2 c. à s. de **graines de lin**
100 g de **mélange de fruits à coque** grossièrement hachés
3 c. à s. de **miel liquide**
2 c. à s. d'**huile de tournesol**
50 g d'**abricots secs** tranchés
1 poignée de **myrtilles séchées**
1 poignée de **canneberges séchées**
125 g de **myrtilles fraîches**
125 g de **fraises fraîches** équeutées
1 c. à c. de **sucre en poudre**
125 ml de **yaourt nature**

Mélangez dans un récipient profond les flocons de sarrasin, toutes les graines et les fruits à coque. Dans une petite casserole, faites chauffer à feu doux le miel et l'huile de tournesol, puis versez dans le récipient et mélangez bien pour enrober les flocons et les graines.

Étalez le granola sur une feuille de papier sulfurisé et mettez au four préchauffé à 150 °C pour 30 minutes.

Sortez le mélange du four et brisez-le en gros morceaux. Versez-le dans un grand récipient et ajoutez-y tous les fruits secs. Laissez refroidir et conservez dans un récipient hermétique pendant 1 à 2 semaines.

Mettez les myrtilles, les fraises et le sucre dans une casserole, avec un peu d'eau, et faites cuire 5 minutes à feu doux. Laissez refroidir. Dressez en versant 1 cuillerée de compote de fruits sur le yaourt, que vous parsèmerez de granola.

Pour une compote oranges-abricots, dans une casserole, mettez 200 g d'abricots secs, le jus et le zeste de 2 oranges, 1 bâton de cannelle, 150 ml de thé noir et 2 cuillerées à soupe de miel liquide. Faites cuire à feu doux pendant 10 minutes puis laissez refroidir. Ôtez le bâton de cannelle, puis mixez la compote.

barres de céréales

Pour **16 barres**
Préparation **10 minutes**
Cuisson **35 minutes**

100 g de **beurre** ramolli + une noisette pour le moule
25 g de **sucre de canne clair non raffiné**
2 c. à s. de **golden syrup**
125 g de **flocons de millet**
50 g de **quinoa**
50 g de **cerises** ou de **canneberges séchées**
75 g de **raisins sultanine**
25 g de **graines de tournesol**
25 g de **graines de sésame**
25 g de **graines de lin**
40 g de **noix de coco séchée non sucrée**
2 **œufs** légèrement battus

Graissez un moule à pâtisserie peu profond de 28 x 20 cm.

Mélangez le beurre, le sucre et le golden syrup dans un grand saladier jusqu'à obtenir une préparation crémeuse. Ajoutez les autres ingrédients et mélangez bien.

Étalez ce mélange dans le moule, lissez la surface à l'aide d'une cuillère et mettez-le au four préchauffé à 180 °C pour 35 minutes, jusqu'à ce qu'il prenne une couleur dorée. Sortez du four et laissez refroidir dans le moule.

Retournez sur une planche en bois et découpez délicatement 16 bâtonnets à l'aide d'un couteau dentelé. Conservez dans un récipient hermétique jusqu'à 5 jours.

Pour un yaourt crunchy, découpez 2 bananes en tranches et répartissez la moitié des tranches dans 4 verres profonds. Mélangez 300 ml de yaourt nature et 4 cuillerées à soupe de miel liquide. Versez la moitié de cette préparation sur les bananes. Émiettez 4 barres de céréales (voir ci-dessus) et répartissez-en la moitié sur le mélange au yaourt. Alternez une nouvelle fois les couches de banane, de yaourt et de céréales. Servez frais.

pain perdu

Pour **4 personnes**
Préparation **5 minutes**
Cuisson **5 minutes**

2 **œufs** battus
1 c. à c. d'**extrait de vanille**
100 ml de **lait**
1 c. à s. de **sucre en poudre** + un peu pour saupoudrer
½ c. à. c. de **cannelle moulue**
4 tranches épaisses de **pain sans gluten**
25 g de **beurre**

Mélangez les œufs, l'extrait de vanille, le lait, le sucre et la cannelle dans un plat profond. Déposez-y les tranches de pain, en les retournant pour qu'elles absorbent bien le liquide.

Faites chauffer le beurre dans une poêle antiadhésive. À l'aide d'une spatule, sortez le pain du plat et faites cuire les tranches pendant 2 minutes de chaque côté, jusqu'à ce qu'elles prennent une couleur dorée. Découpez les toasts en diagonale pour obtenir des triangles, ajoutez 1 pincée de sucre puis servez.

Pour une sauce aux pommes et aux framboises à servir en accompagnement, faites chauffer 25 g de beurre dans une poêle. Ajoutez 6 pommes évidées et coupées en tranches, puis faites cuire 2 à 3 minutes. Saupoudrez de 1 cuillerée à soupe de sucre de canne clair non raffiné, de ½ cuillerée à café de cannelle moulue, et ajoutez 125 g de framboises. Faites cuire à feu doux pendant 1 à 2 minutes. Servez sur les toasts, avec 1 pincée de sucre.

mini-quiches tomate-feta

Pour **12 quiches**
Préparation **10 minutes**
Cuisson **10 minutes**

beurre fondu pour le moule
4 **œufs** battus
2 c. à s. de **ciboulette** hachée
3 **tomates séchées** émincées
75 g de **feta** émiettée
sel et **poivre noir**

Graissez un moule à minimuffins (12 alvéoles) avec le beurre fondu.

Mélangez tous les ingrédients dans un saladier.

Versez le mélange dans les alvéoles du moule et placez au four préchauffé à 220 °C pour 10 minutes, jusqu'à ce que les quiches soient dorées et gonflées. Sortez du four et servez chaud.

Pour des mini-quiches aux petits pois, lard et parmesan, faites griller 4 tranches de lard fumé jusqu'à ce qu'elles soient croustillantes, puis hachez-les. Mélangez les œufs, 2 cuillerées à soupe de parmesan râpé, 1 cuillerée à soupe de persil haché et 1 cuillerée à soupe de moutarde en grains sans gluten. Ajoutez le lard et 2 cuillerées à soupe de petits pois (décongelés s'ils étaient surgelés). Versez le mélange dans les alvéoles du moule et faites cuire comme indiqué ci-dessus.

kedgeree

Pour **4 personnes**
Préparation **10 minutes**
Cuisson **20 minutes**

200 g de **riz basmati**
500 g de **filet de haddock fumé** sans la peau
2 feuilles de **laurier**
50 g de **beurre**
1 **oignon** haché
1 gousse d'**ail** écrasée
2 c. à s. de **curry en poudre**
4 tiges de **ciboule** finement hachées
1 poignée de **coriandre** hachée
2 **œufs** durs grossièrement hachés
sel et **poivre noir**

Faites cuire le riz basmati dans de l'eau bouillante salée, selon les instructions de l'emballage. Égouttez bien.

Dans une poêle, placez le haddock avec les feuilles de laurier, recouvrez d'eau et faites cuire 5 à 6 minutes, jusqu'à ce que le poisson soit prêt. Égouttez-le et émiettez-le.

Pendant la cuisson du poisson, faites fondre le beurre dans une poêle, ajoutez l'oignon et l'ail, puis faites suer 4 à 5 minutes. Ajoutez le curry et faites cuire encore 1 minute.

Ajoutez le riz, le haddock, la ciboule, la coriandre et les œufs. Poivrez et faites cuire jusqu'à ce que le mélange soit bien chaud. Servez sans attendre.

Pour un kedgeree aux crevettes et aux petits pois, ne mettez pas de haddock. Faites revenir l'oignon et l'ail avec ½ piment rouge épépiné et émincé. Ajoutez le curry et faites cuire encore 1 minute. Ajoutez 400 g de riz basmati cuit, 300 g de crevettes cuites décortiquées, 200 g de petits pois (décongelés s'ils étaient surgelés), 2 cuillerées à soupe de menthe hachée, le jus et le zeste de ½ citron. Faites cuire le mélange jusqu'à ce qu'il soit très chaud, puis assaisonnez.

petit déjeuner costaud

Pour **4 personnes**
Préparation **10 minutes**
Cuisson **10 minutes**

2 c. à s. d'**huile d'olive**
1 **oignon** émincé
500 g de **pommes de terre** bouillies coupées en dés
340 g de **lard fumé** grossièrement haché
un trait de **sauce Worcestershire**
4 **œufs**
poivre noir

Pour servir
persil haché
paprika fumé

Faites chauffer la moitié de l'huile d'olive dans une grande poêle, ajoutez l'oignon et les pommes de terre, puis faites revenir 5 à 6 minutes, jusqu'à ce que l'oignon ait fondu et que les pommes de terre soient dorées.

Ajoutez le lard fumé puis assaisonnez avec le poivre et la sauce. Faites cuire encore 2 à 3 minutes.

Dans une autre poêle, faites chauffer le reste de l'huile et faites cuire les œufs au plat.

Répartissez les pommes de terre et la viande sur 4 assiettes, couvrez de 1 œuf au plat puis servez, en ajoutant 1 pincée de persil haché et un peu de paprika fumé.

Pour une variante aux saucisses, faites chauffer toute l'huile d'olive dans une grande poêle, ajoutez 500 g de saucisses sans gluten coupées en rondelles et faites revenir 3 à 4 minutes, jusqu'à ce qu'elles soient presque cuites. Ajoutez les pommes de terre et faites cuire encore 2 à 3 minutes, jusqu'à ce qu'elles commencent à dorer. Ajoutez 1 poignée de tomates cerises coupées en deux et 4 tiges de ciboule émincées. Répartissez bien le contenu dans la poêle, puis ajoutez 1 œuf et faites cuire 1 à 2 minutes. Découpez en quatre et servez.

galettes de pommes de terre

Pour **4 personnes**
Préparation **10 minutes**
Cuisson **20 à 25 minutes**

550 g de grosses **pommes de terre** épluchées et émincées
1 ½ c. à c. de **poudre à lever sans gluten**
2 **œufs**
75 ml de **lait**
huile végétale pour la cuisson
sel et **poivre noir**

Faites cuire les pommes de terre dans de l'eau salée pendant 15 minutes, jusqu'à ce qu'elles soient tendres. Égouttez bien, remettez-les dans la casserole et réduisez-les en purée lisse. Laissez refroidir.

Ajoutez la poudre à lever, les œufs, le lait et assaisonnez. Déposez plusieurs cuillerées à soupe de la préparation dans une poêle huilée, en les espaçant légèrement, et faites cuire pendant 3 à 4 minutes en les retournant à mi-cuisson. Déposez sur un plat et gardez au chaud.

Servez chaud.

Pour des galettes de pommes de terre au saumon, ajoutez 100 g de saumon fumé émincé, 2 cuillerées à soupe de ciboulette émincée et 3 tiges de ciboule émincées au mélange de pommes de terre. Faites cuire comme ci-dessus.

smoothie yaourt-fruits rouges

Pour **4 personnes**
Préparation **5 minutes**

300 ml de **yaourt nature**
500 g de **mélange de fruits rouges** frais ou surgelé (décongelé) + quelques fruits pour décorer
4 c. à s. de **flocons de millet**
3 c. à s. de **miel liquide**
300 ml de **jus de canneberge**

Mixez tous les ingrédients jusqu'à obtenir une préparation lisse.

Versez dans 4 verres et décorez avec les fruits restants. Servez immédiatement.

Pour un yaourt glacé aux framboises, mélangez 500 g de framboises, 200 g de sucre glace, le jus de 1 citron et 600 ml de yaourt à la grecque dans un mixeur ou un blender. Versez le mélange dans un moule à cake d'une contenance de 900 ml que vous aurez tapissé de film alimentaire, puis placez au congélateur jusqu'à ce que la préparation prenne. Servez cette glace coupée en tranches avec un mélange de fruits rouges.

smoothie tropical

Pour **4 personnes**
Préparation **10 minutes**

1 **mangue** pelée, dénoyautée et coupée en morceaux
2 **kiwis** pelés et coupés en morceaux
1 **banane** coupée en rondelles
425 g de morceaux d'**ananas** en conserve, dans leur jus naturel
450 ml de **jus d'orange** ou de **pomme**
1 poignée de **glaçons**

Mixez tous les ingrédients jusqu'à obtention d'un mélange lisse.

Versez dans 4 verres et servez sans attendre.

Pour un cocktail tropical, mélangez tous les ingrédients au mixeur ou au blender, avec 400 ml de lait de coco et 100 ml de rhum blanc. Versez dans 4 verres, avec des glaçons.

soupes, salades & en-cas

soupe à la tomate et au chorizo

Pour **4 personnes**
Préparation **10 minutes**
Cuisson **30 minutes**

500 g de **poivrons rouges** coupés en deux et épépinés
2 c. à s. d'**huile d'olive**
1 gros **oignon** haché
2 gousses d'**ail** hachées
150 g de **chorizo** coupé en tranches
1 c. à c. de **cumin moulu**
1 c. à c. de **paprika fumé**
500 g de **tomates** coupées en deux et épépinées
600 ml de **bouillon de poulet** ou **de légumes sans gluten**
1 poignée de **persil** haché
sel et **poivre noir**

Placez les poivrons rouges sur une feuille de papier sulfurisé et versez dessus la moitié de l'huile d'olive. Mettez au four préchauffé à 200 °C pour 10 à 15 minutes, en les retournant au bout de 5 minutes.

Faites chauffer le reste de l'huile dans une casserole, ajoutez l'oignon, l'ail et le chorizo, et faites revenir pendant 3 à 4 minutes, jusqu'à ce que les oignons fondent et que le chorizo commence à dorer. Ajoutez les épices et faites cuire encore 1 minute.

Ajoutez les tomates et le bouillon dans la casserole, puis assaisonnez. Faites bouillir puis laissez frémir 5 minutes.

Sortez les poivrons du four, ôtez la peau et hachez-les grossièrement, puis ajoutez-les à la soupe et faites cuire encore 15 minutes. Ôtez du feu et laissez refroidir 5 minutes. Mixez grossièrement, ajoutez le persil puis servez.

Pour une soupe à la tomate et au basilic, ôtez les poivrons rouges de la recette et faites revenir l'oignon et l'ail, en remplaçant le chorizo et les épices par 1 carotte et 1 bâton de céleri émincé. Ajoutez les tomates et le bouillon de légumes, portez à ébullition puis laissez frémir 25 minutes. Mixez jusqu'à obtention d'une préparation lisse. Reversez dans la casserole, ajoutez 2 cuillerées à soupe de mascarpone et 1 cuillerée à soupe de pesto. Assaisonnez puis servez.

soupe thaïe aux légumes, tofu et riz

Pour **4 personnes**
Préparation **15 minutes**
Cuisson **20 minutes**

1,2 litre de **bouillon de légumes sans gluten**
2 tiges de **citronnelle** coupées en deux et hachées
2 gousses d'**ail** émincées
1 poignée de **coriandre**, tiges émincées et feuilles déchirées
2 feuilles de **kaffir**
2 **piments rouges** coupés en deux et épépinés
5 cm de **gingembre frais**, épluché et coupé en deux
125 g de **haricots verts fins** parés et coupés en tronçons
225 g de **châtaignes d'eau** en conserve, égouttées et émincées
200 g de **tofu ferme** coupé en dés
150 ml de **crème de coco**
400 g de **riz basmati**
4 tiges de **ciboule** émincées

Versez le bouillon de légumes dans une grande casserole, ajoutez-y la citronnelle, l'ail, les tiges de coriandre, les feuilles de kaffir, 1 piment et le gingembre, et faites frémir pendant 10 minutes. Retirez le gingembre et la citronnelle.

Ajoutez les haricots verts, les châtaignes d'eau, le tofu et la crème de coco, et faites frémir jusqu'à ce que les haricots verts soient tendres. Pendant ce temps, faites cuire le riz basmati dans une casserole d'eau bouillante, selon les instructions de l'emballage.

Égouttez le riz. Mélangez-en la moitié avec la ciboule et ajoutez-le à la soupe, puis faites chauffer jusqu'à ce que la préparation soit bien chaude.

Parsemez de feuilles de coriandre, versez dans des bols et décorez avec le piment restant émincé. Prévoyez un bol de riz par personne en accompagnement.

Pour une soupe de nouilles au poulet à la thaïe, préparez la soupe ci-dessus en remplaçant le tofu par 300 g de poulet cuit et grossièrement coupé, et en ajoutant 1 poivron rouge épépiné et émincé. Remplacez le riz par 200 g de nouilles de riz déjà cuites.

soupe patate douce, courge, coco

Pour **4 personnes**
Préparation **10 minutes**
Cuisson **40 à 45 minutes**

2 grosses **patates douces** pelées et coupées en gros morceaux
1 grosse **courge butternut** pelée, épépinée et coupée en gros morceaux
1 **oignon** coupé en quatre
2 gousses d'**ail** pelées
1 c. à c. de **graines de cumin**
2 c. à s. d'**huile d'olive**
½ c. à c. de **flocons de piment séché** + un petit peu pour servir (facultatif)
900 ml de **bouillon de légumes sans gluten**
200 ml de **crème de coco**
1 c. à c. de **garam masala**
sel et **poivre noir**

Déposez les patates douces, la courge, l'oignon et l'ail sur une feuille de papier sulfurisé. Parsemez de graines de cumin et arrosez d'huile d'olive. Mettez au four préchauffé à 200 °C et faites rôtir 25 à 30 minutes, jusqu'à ce que les légumes soient tendres et dorés.

Placez les légumes rôtis dans une grande casserole, avec le piment et le bouillon de légumes, portez à ébullition puis laissez frémir pendant 10 minutes.

Ajoutez les ingrédients restants, faites chauffer jusqu'à ce que la soupe soit bien chaude puis mixez-la. Servez décoré de 1 pincée de piment. Accompagnez de toasts de pain sans gluten.

Pour une soupe à la courge et aux lentilles, faites rôtir la courge, l'oignon et l'ail comme ci-dessus, pendant 20 minutes. Mettez-les dans une grande casserole, ajoutez 100 g de lentilles corail en conserve, rincées et égouttées, et 1,2 litre de bouillon de légumes sans gluten. Portez à ébullition puis laissez mijoter pendant 25 minutes, jusqu'à ce que les lentilles et la courge aient ramolli. Mixez la soupe puis assaisonnez. Accompagnez de pain sans gluten chaud et croustillant.

soupe mexicaine aux haricots

Pour **4 personnes**
Préparation **10 minutes**
Cuisson **30 minutes**

1 c. à s. d'**huile d'olive**
1 **oignon** émincé
1 gousse d'**ail** pressée
1 **piment rouge** épépiné et émincé
1 poignée de **coriandre**, tiges et feuilles émincées séparément
1 **poivron vert** épépiné et émincé
1 c. à c. de **cumin moulu**
1 c. à c. de **paprika fumé**
800 g de **cornilles** en conserve, égouttées et rincées
400 g de **tomates** concassées en conserve
2 c. à s. de **concentré de tomate**
600 ml de **bouillon de légumes sans gluten**
sel et **poivre noir**

Faites chauffer l'huile d'olive dans une grande casserole, ajoutez l'oignon, l'ail et le piment, et faites revenir pendant 2 minutes. Ajoutez les tiges de coriandre et le poivron vert, faites revenir 2 à 3 minutes, puis ajoutez le cumin et de paprika.

Ajoutez les cornilles, les tomates, le concentré de tomate et le bouillon. Portez à ébullition puis laissez frémir pendant 20 minutes.

Mixez la moitié de la soupe puis reversez-la dans la casserole. Ajoutez-y les feuilles de coriandre (gardez-en 4 entières pour le service), assaisonnez et réchauffez la soupe. Servez en décorant avec les feuilles de coriandre.

Pour un guacamole à servir en accompagnement, réduisez 1 avocat mûr en une purée grossière, avec le jus de 1 citron vert. Ajoutez-y 4 tiges de ciboule émincées, 1 poignée de coriandre émincée, 1 petit piment rouge épépiné et émincé, et 1 pincée de sel. Ajoutez 1 cuillerée de guacamole dans la soupe avant de servir.

chowder de poisson

Pour **4 personnes**
Préparation **10 minutes**
Cuisson **30 minutes**

15 g de **beurre**
1 c. à s. d'**huile végétale**
1 **oignon** émincé
100 g de **poitrine de porc** émincée
2 c. à s. de **farine de maïs**
600 ml de **bouillon de poisson sans gluten**
600 ml de **lait**
500 g de **pommes de terre** farineuses épluchées et coupées en dés
500 g de **filets de poissons fermes variés** sans la peau, coupés en dés
300 g de **filet de haddock fumé** sans la peau, coupé en dés
250 g de **crevettes** crues décortiquées
150 ml de **crème liquide**
sel et **poivre noir**
persil haché pour servir

Faites chauffer le beurre et l'huile dans une grande casserole, ajoutez l'oignon et faites revenir 3 minutes, jusqu'à ce qu'il soit tendre. Ajoutez la poitrine de porc et faites cuire encore 3 à 4 minutes, jusqu'à ce qu'elle se colore.

Ajoutez la farine de maïs et faites revenir 1 minute en remuant, puis incorporez progressivement le bouillon de poisson et le lait. Faites cuire sans cesser de remuer jusqu'à obtention d'un mélange épais et lisse. Ajoutez les pommes de terre et laissez frémir pendant 10 minutes, puis ajoutez le poisson et faites cuire encore 5 à 6 minutes.

Ajoutez les crevettes et la crème, puis prolongez la cuisson jusqu'à ce que les crevettes soient bien cuites. Assaisonnez, versez dans des bols et parsemez de persil.

Pour un chowder au maïs épicé, faites revenir l'oignon puis ajoutez 1 piment rouge épépiné et émincé. Ôtez la poitrine de la recette. Ajoutez la farine de maïs, puis incorporez progressivement 600 ml de bouillon de légumes sans gluten et le lait. Incorporez 600 g de pommes de terre épluchées et coupées en dés, et 400 g de maïs doux en conserve égoutté. Faites cuire jusqu'à ce que les pommes de terre soient tendres. Assaisonnez bien, versez dans des bols et parsemez de 1 poignée de persil ou de coriandre haché.

soupe au poulet et au jambon

Pour **8 personnes**
Préparation **20 minutes**
Cuisson **1 h 20**

375 g de **jambon maigre**
3 c. à s. d'**huile d'olive**
4 grosses **cuisses de poulet** sans la peau
3 **oignons** émincés
2 bâtons de **céleri** émincés
2 feuilles de **laurier**
600 ml de **bouillon de poulet sans gluten**
375 g de **pommes de terre** épluchées et coupées en dés
150 g de **grains de maïs**

Boulettes
125 g de **farine de maïs fine**
100 g de **farine sans gluten**
2 c. à c. de **poudre à lever sans gluten**
1 c. à s. de **thym** haché
40 g de **beurre** froid
sel et **poivre noir**

Coupez le jambon en dés de 1 cm de côté. Faites chauffer l'huile d'olive dans une grande casserole, puis faites revenir le poulet, les oignons et le céleri 10 minutes à feu doux, en remuant.

Ajoutez le jambon, le laurier, le bouillon, 600 ml d'eau et portez à ébullition. Baissez le feu, couvrez et laissez frémir 40 minutes.

Sortez le poulet avec une écumoire, détachez la chair des os. Remettez la chair de poulet dans la casserole, avec les pommes de terre et le maïs. Portez à frémissements, couvrez et laissez cuire 20 minutes.

Pour les boulettes, mélangez les farines, la poudre à lever et le thym dans un saladier, puis assaisonnez. Parsemez le mélange de beurre et incorporez 250 ml d'eau. Mélangez pour obtenir une pâte épaisse, en ajoutant de l'eau si nécessaire.

À l'aide de 2 cuillères, divisez grossièrement la pâte en 8 boules et mettez-les dans la soupe. Couvrez et laissez frémir 10 minutes à feu doux.

Pour une soupe aux pois et au jambon, mettez dans une grande casserole 150 g de pois cassés jaunes rincées et égouttées, 1 litre d'eau, 75 g de jambon fumé, 1 grosse carotte émincée, 1 oignon émincé et 2 feuilles de laurier. Portez à ébullition, écumez, couvrez et laissez frémir 40 minutes. Mixez, assaisonnez et décorez chaque assiette de persil haché.

gaspacho

Pour **6 personnes**
Préparation **20 minutes**
+ réfrigération

875 g de **tomates** pelées et coupées grossièrement
½ **concombre** coupé en gros morceaux
2 **poivrons rouges** épépinés et coupés en gros morceaux
1 bâton de **céleri** émincé
2 gousses d'**ail** hachées
½ **piment rouge** épépiné et émincé
1 petite poignée de **coriandre**
2 c. à s. de **vinaigre de vin blanc**
2 c. à s. de **concentré de tomate**
4 c. à s. d'**huile d'olive**
sel
glaçons pour servir

Mélangez les légumes, l'ail, le piment et la coriandre dans un saladier. Ajoutez le vinaigre, le concentré de tomate, l'huile d'olive et un peu de sel.

Lissez par à-coups au mixeur ou au blender.

Versez la préparation dans un saladier propre et rectifiez l'assaisonnement si nécessaire. Couvrez et placez au réfrigérateur pour 24 heures.

Au moment de servir, versez le gaspacho dans des grands bols et ajoutez-y des glaçons.

Pour la garniture, faites chauffer 2 cuillerées à soupe d'huile d'olive dans une poêle, ajoutez 150 g de pain sans gluten coupé en dés et faites dorer. Versez ces croûtons dans un bol et ajoutez-y 2 tiges de ciboule émincées, 1 poivron vert épépiné et émincé, 2 œufs durs grossièrement hachés et 1 poignée de coriandre hachée. Répartissez dans les bols de gaspacho avant de servir.

salade de pois chiches à la feta

Pour **4 personnes**
Préparation **10 minutes**
Cuisson **10 à 15 minutes**

500 g de **poivrons rouges** coupés en deux et épépinés
4 c. à s. d'**huile d'olive**
800 g de **pois chiches** en conserve, égouttés et rincés
150 g de **feta** émiettée
1 **piment rouge** épépiné et émincé
75 g de **roquette** ou de **jeunes pousses d'épinard**
125 g de **tomates cerises** coupées en quatre
1 poignée de **menthe** émincée
1 poignée de **coriandre** émincée
un trait de **vinaigre de vin rouge**
poivre noir

Placez les poivrons rouges sur une feuille de papier sulfurisé, versez la moitié de l'huile d'olive et mettez-les au four préchauffé à 200 °C pour 10 à 15 minutes, en les retournant au bout de 5 minutes. Ôtez la peau et émincez la chair.

Placez les poivrons dans un grand saladier puis ajoutez les pois chiches, la feta, le piment, la roquette ou les jeunes pousses d'épinard, les tomates et les herbes. Mélangez bien.

Versez le reste de l'huile d'olive sur la salade, ajoutez le vinaigre, poivrez et mélangez délicatement.

Servez cette salade en accompagnement de viande ou de poisson grillé, ou avec un pain pita sans gluten tiède.

Pour une salade de lentilles et de tomates au lard croustillant, faites cuire 250 g de lentilles du Puy selon les instructions de l'emballage, puis égouttez-les. Mélangez 2 cuillerées à soupe d'huile d'olive, 2 cuillerées à café de moutarde de Dijon sans gluten, 2 cuillerées à café de miel liquide, 1 cuillerée à soupe de vinaigre balsamique et 1 poignée d'herbes fraîches hachées. Ajoutez aux lentilles chaudes 2 grandes poignées de jeunes pousses d'épinard, 75 g de tomates séchées et 100 g de fromage de chèvre émietté. Faites griller 6 tranches de poitrine de porc fumé pour qu'elles soient dorées et croustillantes, laissez refroidir, puis hachez-les et ajoutez-les à la salade. Nappez de sauce.

salade de pommes de terre et avocat

Pour **4 personnes**
Préparation **10 minutes**
Cuisson **12 à 15 minutes**

600 g de petites **pommes de terre nouvelles**
1 **avocat mûr**
1 barquette de **graines de moutarde et de cresson germées**
le **zeste** de ½ **citron**
75 g de **roquette**
sel et **poivre noir**

Sauce
1 c. à s. de **moutarde en grains sans gluten**
le **jus** de ½ **citron**
2 c. à s. de **mayonnaise**

Faites cuire les pommes de terre dans une casserole d'eau bouillante salée pendant 12 à 15 minutes, jusqu'à ce qu'elles soient tendres. Égouttez-les bien et mettez-les dans un grand saladier.

Coupez l'avocat en deux et ôtez le noyau. Détaillez la chair en petits morceaux.

Mélangez les ingrédients de la sauce dans un petit bol et versez sur les pommes de terre tièdes. Ajoutez l'avocat, les graines de moutarde et de cresson germées, le zeste de citron et la roquette. Assaisonnez.

Répartissez la salade sur 4 assiettes puis servez.

Pour une salade de pommes de terre et de tomates séchées, faites cuire les pommes de terre, égouttez-les bien et mettez-les dans un grand saladier. Pendant qu'elles sont encore tièdes, ajoutez 6 tomates séchées à l'huile émincées, 12 olives noires dénoyautées émincées, 2 cuillerées à soupe de pesto et 3 cuillerées à soupe de crème fraîche légère. Poivrez généreusement.

salade de quinoa aux légumes grillés

Pour **4 personnes**
Préparation **5 minutes**
Cuisson **20 à 25 minutes**

3 **courgettes** coupées en gros morceaux
2 **poivrons rouges** épépinés et coupés en gros morceaux
2 **oignons rouges** coupés en quartiers
1 grosse **aubergine** coupée en gros morceaux
3 gousses d'**ail** pelées
3 c. à s. d'**huile d'olive**
150 g de **quinoa**
2 c. à s. de **pesto vert** ou de **pâte de tomates séchées**
1 c. à s. de **vinaigre balsamique**
75 g de **roquette**

Placez tous les légumes et l'ail sur une grande feuille de papier sulfurisé et versez dessus l'huile d'olive. Mettez au four préchauffé à 220 °C pour 20 à 25 minutes, jusqu'à ce que les légumes soient tendres et légèrement grillés.

Pendant ce temps, faites cuire le quinoa selon les instructions de l'emballage, puis égouttez-le.

Mélangez le pesto ou la pâte de tomates séchées et le vinaigre balsamique dans un petit bol. Placez les légumes grillés, la roquette et le quinoa dans un grand saladier et ajoutez-y la sauce. Servez tiède.

Pour une salade de quinoa au saumon et au cresson, faites cuire le quinoa selon les instructions du paquet. Pendant ce temps, placez 2 filets de saumon sans la peau (300 g environ) dans une poêle antiadhésive et faites-les cuire 3 minutes de chaque côté, puis émiettez-les. Mélangez dans un petit bol 200 g de crème fraîche allégée, le jus et le zeste de 1 orange, et 1 cuillerée à soupe de moutarde en grains sans gluten. Versez la sauce sur le quinoa et le saumon, puis ajoutez 1 poignée de cresson haché.

panzanella

Pour **4 personnes**
Préparation **10 minutes**
+ repos
Cuisson **10 minutes**

2 **poivrons rouges** épépinés et coupés en lamelles
3 c. à s. d'**huile d'olive**
650 g de **tomates** pelées, épépinées et émincées
1 **oignon rouge** émincé
1 poignée d'**olives vertes**
1 c. à s. de **câpres** rincées
1 **piment rouge** épépiné et émincé
1 poignée de feuilles de **basilic**
2 c. à s. de **vinaigre de vin rouge**
4 c. à s. d'**huile d'olive**
200 g de **pain sans gluten** coupé en dés et grillé
sel et **poivre noir**

Placez les poivrons rouges sur une feuille de papier sulfurisé, versez dessus 3 cuillerées à soupe d'huile d'olive et mettez au four préchauffé à 200 °C pour 10 minutes, en les retournant au bout de 5 minutes. Laissez refroidir puis ôtez la peau.

Dans un grand saladier, mélangez tous les ingrédients restants sauf le pain, et réservez pendant 20 minutes pour que les saveurs se développent.

Ajoutez les poivrons rouges lorsqu'ils ont refroidi. Juste avant de servir, ajoutez les croûtons, puis mélangez. Servez en accompagnement d'une viande grillée.

Pour des pâtes aux légumes et au poulet à la méditerranéenne, faites cuire 375 g de pâtes sans gluten dans une casserole d'eau bouillante, selon les instructions du paquet. Mélangez les ingrédients restants, sauf le pain, en réservant 1 cuillerée à soupe d'huile d'olive. Mélangez 1 gousse d'ail pressée, l'huile réservée, 1 cuillerée à soupe de thym et 1 cuillerée à café de vinaigre balsamique, et versez le tout dans un plat, sur 4 blancs de poulet sans la peau. Couvrez et laissez mariner 10 minutes. Égouttez les pâtes, versez-les dans un grand saladier puis mélangez-les aux poivrons grillés et aux autres ingrédients. Faites chauffer un gril en fonte et faites cuire le poulet 2 à 3 minutes de chaque côté, puis dressez-le sur les pâtes aux légumes.

salade aux poires et aux noix

Pour **4 personnes**
Préparation **10 minutes**
Cuisson **2 à 3 minutes**

huile végétale
75 g de **parmesan** râpé
2 grosses **poires mûres**
50 g de **noix** légèrement torréfiées
125 g de **mesclun**

Sauce
6 c. à s. d'**huile de noix**
2 c. à s. de **jus de citron**
1 c. à s. de **moutarde en grains sans gluten**
2 c. à c. de **sucre en poudre**
quelques feuilles d'**estragon** grossièrement hachées
sel et **poivre noir**

Graissez une feuille de papier sulfurisé et râpez dessus le parmesan, puis étalez-le en fine couche pour former un carré d'environ 25 cm de côté. Passez sous le gril pendant 2 à 3 minutes, jusqu'à ce que le fromage fonde et prenne une légère couleur dorée. Laissez refroidir puis décollez le fromage de la feuille en le brisant en gros morceaux.

Mélangez les ingrédients de la sauce dans un saladier. Coupez les poires en deux, ôtez le cœur puis coupez-les en tranches fines.

Ajoutez les poires, les noix et le mesclun dans le saladier avec la sauce, et mélangez. Répartissez sur 4 assiettes puis parsemez de parmesan.

Pour une salade aux poires et au bleu, mélangez dans un petit bol 1 cuillerée à soupe de sauce pimentée douce, 1 cuillerée à soupe d'huile d'olive et 1 cuillerée à soupe de vinaigre de vin rouge. Mélangez dans un grand saladier 100 g de feuilles de roquette, 2 endives coupées en tranches, 1 poire coupée en tranches, 100 g de noix et 125 g de fromage bleu émietté. Versez la sauce dessus puis servez.

tartes aux oignons et au chèvre

Pour **4 personnes**
Préparation **15 minutes**
+ réfrigération
Cuisson **12 à 15 minutes**

100 g de **farine de riz**
+ un peu pour
le plan de travail
1 c. à s. de **polenta**
75 g de **beurre** coupé
en dés
1 c. à s. de **parmesan** râpé
1 **jaune d'œuf**

Garniture
2 c. à s. de **confiture d'oignons** ou de **chutney**
75 g de **fromage de chèvre** émietté
1 c. à c. de **thym**

Dans un robot, mélangez la farine de riz, la polenta, le beurre et le parmesan jusqu'à obtenir une chapelure fine. Vous pouvez aussi mélanger la farine de riz et la polenta dans un saladier, ajouter le beurre et travailler avec vos doigts jusqu'à obtenir une texture sablée. Ajoutez ensuite le parmesan.

Ajoutez le jaune d'œuf et un peu d'eau, jusqu'à obtenir une pâte lisse mais pas collante. Enveloppez dans du film alimentaire et placez au réfrigérateur pour 30 minutes.

Étalez la pâte sur un plan de travail fariné puis découpez 4 disques avec un emporte-pièce de 10 cm de diamètre. Recommencez avec les chutes de pâte si nécessaire.

Placez les disques de pâte sur une feuille de papier sulfurisé légèrement farinée, puis versez dessus la confiture d'oignons ou le chutney, ajoutez le fromage de chèvre et parsemez de thym.

Mettez au four préchauffé à 200 °C pour 12 à 15 minutes. Servez avec une salade d'épinards et de roquette.

Pour des tartes méditerranéennes, préparez la pâte ci-dessus et étalez 1 cuillerée à café de concentré de tomate sur les disques de pâte. Faites griller, pelez, épépinez puis coupez en tranches 1 poivron rouge, mélangez-le avec 12 olives noires, 100 g de feta et 3 cœurs d'artichaut en conserve égouttés et coupés en tranches. Répartissez sur les disques de pâte, puis faites cuire au four.

palets au crabe

Pour **4 personnes**
Préparation **15 minutes**
+ réfrigération
Cuisson **20 minutes**

300 g de **pommes de terre** épluchées et émincées
375 g de **chair de crabe fraîche**
3 tiges de **ciboule** émincées
1 poignée de **feuilles** et de **tiges de coriandre** émincées
un bon trait de **jus de citron vert**
½ **piment** épépiné et émincé
1 **jaune d'œuf**
3 c. à s. de **polenta**
2 c. à s. d'**huile végétale**
sel et **poivre noir**

Pour servir
tranches de citron vert
mesclun

Faites cuire les pommes de terre dans une casserole d'eau bouillante pendant 15 minutes. Égouttez-les bien, remettez-les dans la casserole et écrasez-les en purée. Laissez refroidir. Ajoutez-y tous les ingrédients restants, sauf la polenta et l'huile.

Versez la polenta sur une assiette. Formez 8 palets de préparation au crabe et enrobez-les de polenta. Couvrez et placez au réfrigérateur pour 20 minutes.

Faites chauffer l'huile dans une grande poêle et faites frire les palets pendant 2 à 3 minutes de chaque côté, jusqu'à ce qu'ils soient dorés. Servez avec des tranches de citron vert et du mesclun.

Pour une sauce pimentée à servir en accompagnement, mettez 75 g de sucre en poudre et 4 cuillerées à soupe d'eau dans une casserole, faites chauffer jusqu'à ce que le sucre se caramélise. Ajoutez-y 2 piments rouges épépinés et hachés, 1 bâtonnet de citronnelle émincé, 1 gousse d'ail émincée, le zeste et le jus de 1 citron vert, et 1 cuillerée à soupe de gingembre frais épluché et finement râpé. Versez dans un plat de service et laissez refroidir.

patates douces à la salsa de tomates

Pour **4 personnes**
Préparation **5 minutes**
Cuisson **45 minutes**

4 grosses **patates douces** d'environ 275 g chacune
2 c. à s. d'**huile olive**
100 g d'**emmenthal** ou de **cheddar** râpé
sel

Salsa de tomates
4 grosses **tomates**
1 petit **oignon rouge** émincé
2 bâtons de **céleri** émincés
1 poignée de **coriandre** émincée
4 c. à s. de **jus de citron vert**
4 c. à s. de **sucre en poudre**

Brossez les patates douces et placez-les dans un petit plat à rôtir. Percez-les à l'aide d'une fourchette, versez dessus l'huile d'olive et un peu de sel. Placez au four préchauffé à 200 °C pour 45 minutes, jusqu'à ce qu'elles soient tendres.

Pendant ce temps, préparez la salsa de tomates. Coupez les tomates en tout petits dés et mélangez-les avec l'oignon, le céleri, la coriandre, le jus de citron vert et le sucre.

Coupez les patates douces en deux et aérez la chair avec une fourchette. Recouvrez de fromage puis de salsa. Servez avec une salade verte.

Pour des patates douces au four et beurre d'agrume épicé, faites cuire les patates douces comme ci-dessus. Pendant ce temps, mélangez 50 g de beurre ramolli, ½ cuillerée à café de flocons de piment séché, le zeste de 1 orange et 2 cuillerées à soupe de coriandre émincée. Versez sur chaque moitié de patate douce et servez en accompagnement de poulet grillé, si vous le souhaitez.

nachos express

Pour **4 personnes**
Préparation **5 minutes**
Cuisson **1 à 2 minutes**

200 g de **tortilla chips de maïs sans gluten**
300 g de **salsa de tomates** prête à l'emploi
125 g de **cheddar** râpé
1 poignée de **coriandre** émincée
crème fraîche pour servir

Placez les tortilla chips dans un plat allant au four. Versez dessus la salsa de tomates, puis le fromage râpé et la coriandre.

Faites cuire sous le gril à température moyenne pendant 1 à 2 minutes, jusqu'à ce que le fromage soit légèrement doré et fondu. Servez accompagné de crème fraîche.

Pour des nachos au bœuf pimenté, faites chauffer 1 cuillerée à soupe d'huile d'olive dans une poêle, ajoutez 1 oignon émincé, 1 gousse d'ail écrasée et 1 piment rouge épépiné et émincé, puis faites revenir 2 à 3 minutes. Ajoutez 300 g de bœuf maigre haché et faites cuire 2 à 3 minutes pour qu'il dore. Ajoutez la salsa de tomates et 400 g de haricots rouges égouttés, et faites cuire 20 minutes. Versez ce mélange sur les tortilla chips dans un plat allant au four, parsemez de fromage et placez sous le gril comme ci-dessus.

scones épinard, tomate, parmesan

Pour **8 scones**
Préparation **10 minutes**
Cuisson **12 à 15 minutes**

175 g de **farine de riz** + un peu pour le plan de travail
75 g de **farine de maïs**
1 c. à c. de **poudre à lever sans gluten**
1 c. à c. de **bicarbonate de soude**
75 g de **beurre** coupé en dés
100 g d'**épinards** surgelés et décongelés (dont vous aurez éliminé toute l'eau) et émincés
4 **tomates séchées à l'huile**, égouttées et émincées
50 g de **parmesan** râpé
1 bonne quantité de **noix de muscade**
1 gros **œuf** battu
3 c. à s. de **lait ribot** + un peu pour la dorure

Dans un robot, mixez les farines, la poudre à lever, le bicarbonate de soude et le beurre jusqu'à obtenir une chapelure fine. Vous pouvez aussi mélanger les ingrédients secs dans un grand saladier. Ajoutez alors le beurre et mélangez avec vos doigts jusqu'à obtenir une texture sablée. Ajoutez ensuite les épinards, les tomates séchées, le parmesan et la noix de muscade.

À l'aide d'une fourchette, mélangez dans un bol l'œuf et le lait ribot, puis incorporez à la préparation précédente et mélangez pour obtenir une pâte souple.

Sur un plan de travail fariné, étalez la pâte sur une épaisseur de 2,5 cm et découpez 8 scones avec un emporte-pièce de 5 cm de diamètre. Étalez de nouveau la pâte si nécessaire.

Déposez les scones sur une feuille de papier sulfurisé légèrement farinée, dorez-les au lait ribot et mettez au four préchauffé à 220 °C pour 12 à 15 minutes, jusqu'à ce qu'ils soient gonflés et dorés. Servez tiède, avec un peu de beurre ou en accompagnement d'une soupe.

Pour des scones aux olives, à la feta et aux herbes, préparez la pâte comme ci-dessus, en remplaçant les épinards, les tomates séchées et la noix de muscade par 18 olives noires dénoyautées et émincées, 100 g de feta émiettée et 1 cuillerée à soupe d'herbes fraîches émincées. Poursuivez la recette.

beignets courgette, betterave, feta

Pour **4 personnes**
Préparation **10 minutes**
Cuisson **6 à 12 minutes**

1 grosse **courgette** râpée
le **zeste** de 1 **citron**
2 tiges de **ciboule** émincées
2 c. à s. de **persil** haché
2 c. à s. de **menthe** hachée
100 g de **feta** émiettée
2 c. à s. de **farine de riz**
1 **jaune d'œuf**
2 **betteraves** cuites, épluchées et râpées
2 c. à s. d'**huile d'olive**
sel et **poivre noir**
feuilles de **basilic** pour décorer
mesclun pour servir

Mélangez la courgette, le zeste de citron, la ciboule, les herbes, la feta, la farine de riz et le jaune d'œuf dans un saladier, puis assaisonnez. Ajoutez délicatement les betteraves et mélangez pour que le mélange prenne une jolie couleur rosée.

Faites chauffer un peu d'huile d'olive dans une poêle, ajoutez 2 cuillerées à soupe de mélange et faites frire 1 à 2 minutes de chaque côté, jusqu'à ce que les beignets soient dorés. Disposez sur un plat de service et gardez au chaud pendant que vous faites cuire les autres beignets, en ajoutant de l'huile dans la poêle si nécessaire.

Dressez en décorant de feuilles de basilic et en accompagnant de mesclun.

Pour une sauce au yaourt et au concombre à servir en accompagnement, mélangez 200 ml de yaourt à la grecque, 1 gousse d'ail écrasée, 1 cuillerée à café de graines de cumin torréfiées, ¼ de concombre râpé et dégorgé, et 1 pincée de paprika. Assaisonnez.

triangles de sushis

Pour **4 personnes**
Préparation **20 minutes**

400 g de **riz à sushis** cuit
assaisonnement pour riz à sushis
4 feuilles de **nori**
100 g de **saumon fumé**
50 g de **concombre** coupé en très fines tranches

Pour servir
sauce soja sans gluten
wasabi

Assaisonnez le riz avec l'assaisonnement pour riz à sushis.

Placez 2 feuilles de nori sur une planche. Étalez ¼ du riz sur chaque feuille, recouvrez de saumon fumé, puis de concombre. Étalez dessus le riz restant, puis recouvrez des 2 autres feuilles de nori. Pressez bien les sandwichs pour que toutes les couches tiennent ensemble.

Découpez 4 triangles, puis servez avec de la sauce soja et du wasabi.

Pour des sushis aux crevettes et au poivron grillé, assaisonnez le riz comme ci-dessus, puis étalez-le sur 1 feuille de nori, avec 100 g de crevettes cuites décortiquées, 1 poivron rouge grillé et émincé, et 1 avocat pelé et coupé en fines tranches. Recouvrez de la feuille de nori restante et suivez le reste de la recette.

galettes au gruyère et aux olives

Pour **4 personnes**
Préparation **10 minutes**
Cuisson **6 à 12 minutes**

250 g de **ricotta**
150 ml de **lait**
3 **œufs**, blancs et jaunes séparés
100 g de **farine de riz**
1 c. à c. de **poudre à lever sans gluten**
1 c. à s. de **ciboulette** hachée
12 **olives noires** dénoyautées coupées en quartiers
50 g de **gruyère** râpé
2 c. à s. de **parmesan** râpé
15 g de **beurre**

Pour servir (facultatif)
tranches de **lard grillé**
tomates cerises coupées en deux

Mélangez la ricotta, le lait et les jaunes d'œufs dans un saladier. Tamisez la farine et la poudre à lever au-dessus d'un autre récipient, puis incorporez-les à la ricotta.

Montez les blancs d'œufs en neige, puis ajoutez-les à la préparation à la ricotta, avec la ciboulette, les olives, le gruyère et le parmesan.

Faites chauffer un peu de beurre dans une poêle antiadhésive, déposez-y des cuillerées de préparation et faites cuire 1 à 2 minutes de chaque côté. Transférez sur une assiette et gardez au chaud pendant que vous faites cuire les autres galettes, en ajoutant du beurre si nécessaire.

Servez tiède, avec du lard fumé grillé croustillant et des tomates cerises si vous le souhaitez.

Pour des galettes à la poire et à la cannelle, préparez la pâte comme ci-dessus, en enlevant la ciboulette, les olives et les fromages. Pelez, videz et hachez grossièrement 2 poires mûres, puis ajoutez-les à la pâte, avec 2 cuillerées à soupe de sucre et 1 cuillerée à café de cannelle moulue. Faites cuire comme ci-dessus. Servez avec un filet de miel et 1 cuillerée de crème fraîche allégée.

haricots blancs au chorizo

Pour **4 personnes**
Préparation **10 minutes**
Cuisson **20 minutes**

1 c. à s. d'**huile d'olive**
1 gros **oignon** haché
2 gousses d'**ail** écrasées
200 g de **chorizo** émincé
1 **poivron vert** épépiné et haché
1 **poivron rouge** épépiné et haché
1 verre de **vin rouge**
800 g de **haricots blancs** en conserve, égouttés et rincés
400 g de **tomates cerises**
1 c. à s. de **purée de tomates**
sel et **poivre noir**
persil haché pour décorer
pain croustillant sans gluten pour servir

Faites chauffer l'huile d'olive dans une cocotte, ajoutez l'oignon et l'ail puis faites revenir 1 à 2 minutes. Ajoutez le chorizo et faites cuire jusqu'à ce qu'il commence à brunir. Ajoutez les poivrons et faites cuire 3 minutes.

Versez le vin et portez à ébullition, puis ajoutez les haricots, les tomates, la purée de tomates, et assaisonnez. Couvrez et laissez frémir pendant 15 minutes. Versez dans des bols, parsemez de persil et servez avec du pain croustillant sans gluten.

Pour des haricots blancs aux crevettes, faites revenir l'oignon et l'ail comme ci-dessus, puis ajoutez 300 g de crevettes crues décortiquées à la place du chorizo et faites cuire jusqu'à ce qu'elles deviennent roses. Ajoutez les haricots, 3 cuillerées à soupe de crème fraîche allégée et 2 poignées de roquette, puis assaisonnez. Réchauffez puis servez.

gratin de chou-fleur et brocoli

Pour **4 personnes**
Préparation **10 minutes**
Cuisson **20 minutes**

50 g de **beurre**
1 **chou-fleur** détaillé en bouquets
1 **brocoli** détaillé en bouquets
25 g de **farine de maïs**
300 ml de **lait**
100 g de **gruyère**
8 tranches de **lard fumé** grillées jusqu'à ce qu'elles soient croustillantes
50 g de **chapelure fraîche sans gluten**
sel et **poivre noir**

Faites fondre la moitié du beurre dans une poêle, puis faites cuire le chou-fleur et le brocoli jusqu'à ce qu'ils soient tendres. Placez-les dans un plat à four.

Faites fondre le beurre restant dans une casserole, ajoutez la farine de maïs et faites revenir, sans cesser de remuer, pendant 1 minute. Ajoutez progressivement le lait et faites chauffer, en remuant, jusqu'à ce que le mélange épaississe et devienne lisse, puis assaisonnez. Ajoutez les ⅔ du gruyère, puis la moitié du lard.

Versez cette sauce sur les légumes. Ajoutez le reste du gruyère, parsemez de chapelure et du lard restant.

Faites cuire au four préchauffé à 200 °C pendant 10 à 12 minutes, jusqu'à ce que le gratin soit doré.

Pour un gratin de poireaux et topinambours, remplacez le chou-fleur et le brocoli par 3 gros poireaux émincés et 300 g de topinambours épluchés et coupés en tranches. Faites cuire à la poêle jusqu'à ce que les légumes soient tendres. Placez-les ensuite dans un plat à four, mélangez 100 g de chapelure fraîche sans gluten, 50 g de feta émiettée et 50 g de gruyère râpé dans un récipient, et parsemez cette préparation sur les légumes. Faites cuire comme ci-dessus.

tortilla au riz et au maïs doux

Pour **4 personnes**
Préparation **5 minutes**
Cuisson **10 minutes**

15 g de **beurre**
4 tiges de **ciboule** émincées
1 **piment rouge** épépiné et émincé (facultatif)
200 g de **maïs doux** en conserve, égoutté
200 g de **riz long grain** ou **basmati** cuit
1 poignée d'**herbes fraîches** hachées
6 **œufs** battus
3 c. à s. de **parmesan** râpé
sel et **poivre noir**

Faites chauffer le beurre dans une grande poêle, puis faites revenir la ciboule et le piment pendant 2 minutes. Ajoutez le maïs, le riz et les herbes, puis remuez.

Versez les œufs, assaisonnez et faites cuire 2 à 3 minutes, jusqu'à ce que la préparation soit ferme.

Saupoudrez de parmesan, placez sous un gril chaud et faites cuire jusqu'à ce que l'omelette soit dorée. Retournez, coupez en quatre puis servez.

Pour une tortilla au chorizo et aux pommes de terre, faites chauffer 1 cuillerée à soupe d'huile d'olive dans une poêle et faites revenir 1 oignon émincé pendant 3 à 4 minutes. Ajoutez 125 g de chorizo émincé et faites cuire encore 2 minutes, jusqu'à ce qu'il devienne croustillant. Incorporez 300 g de pommes de terre cuites coupées en tranches et 1 poignée de persil haché. Remuez puis ajoutez les œufs battus. Faites cuire sous un gril chaud comme ci-dessus.

tarte aux épinards et à la ricotta

Pour **4 personnes**
Préparation **15 minutes**
+ réfrigération
Cuisson **30 minutes**

150 g de **farine de riz**
+ un peu pour le plan de travail
100 g de **polenta**
125 g de **beurre** coupé en dés
25 g de **parmesan** râpé
1 **jaune d'œuf**
2 c. à s. de **lait**

Garniture
1 c. à c. d'**huile d'olive**
1 **échalote** finement hachée
1 gousse d'**ail** écrasée
175 g de **jeunes pousses d'épinard**
300 g de **ricotta**
100 g de **crème fraîche allégée**
4 c. à s. de **parmesan** râpé
2 **œufs** légèrement battus
noix de muscade
sel et **poivre noir**

Mélangez au robot la farine, la polenta, le beurre et le parmesan, jusqu'à obtenir une texture sablée. Vous pouvez aussi mélanger la farine de riz et la polenta dans un saladier, incorporer le beurre avec vos doigts puis ajouter le parmesan.

Mélangez le jaune d'œuf et le lait dans un bol, puis incorporez aux ingrédients secs pour obtenir une pâte lisse mais pas collante. Enveloppez cette pâte dans du film alimentaire et placez au réfrigérateur pour 30 minutes. Étalez la pâte sur un plan de travail fariné, puis placez-la dans un moule à tarte de 20 cm de diamètre. Piquez la pâte avec une fourchette et mettez au four préchauffé à 200 °C pour 10 minutes.

Faites chauffer l'huile d'olive dans une poêle, puis faites revenir l'échalote et l'ail 2 à 3 minutes. Ajoutez les épinards et faites cuire 3 à 4 minutes.

Mélangez la ricotta, la crème fraîche, la moitié du parmesan et les œufs dans un bol, puis assaisonnez de noix de muscade, de sel et de poivre. Ajoutez les épinards et versez le tout sur la pâte. Saupoudrez du parmesan restant et enfournez pour 20 minutes.

Pour une tarte à la truite fumée, préparez le fond de tarte comme ci-dessus. Mélangez dans un bol 2 œufs, 100 g de cream cheese, 200 ml de crème fraîche allégée, 1 cuillerée à soupe de raifort et 2 cuillerées à soupe de ciboulette hachée. Ajoutez 150 g de truite fumée émiettée et versez sur la pâte. Enfournez pour 20 à 25 minutes.

rouleaux de printemps vietnamiens

Pour **12 rouleaux**
Préparation **15 minutes**

125 g de **crevettes** cuites décortiquées
¼ de **concombre** coupé en bâtonnets
1 poignée de **coriandre** hachée
1 poignée de **menthe** hachée
1 poignée de **basilic thaï** haché
150 g de **vermicelles de riz** cuits et refroidis
¼ de **laitue iceberg** émincée
12 **feuilles de riz rondes**
quartiers de **citron vert** pour servir

Sauce
2 c. à s. de **sauce pimentée douce**
le **jus** de 1 **citron vert**
1 c. à s. de **sauce de poisson thaïe**
1 c. à s. de **graines de sésame** grillées

Mélangez les crevettes, le concombre, les herbes, les vermicelles et la laitue dans un saladier.

Plongez 1 feuille de riz dans un bol d'eau tiède pour 20 secondes, puis égouttez sur du papier absorbant. Remplissez avec le mélange de crevettes, en laissant un bord de 2,5 cm en haut et en bas de la feuille. Repliez les bords et roulez. Recommencez avec le reste des feuilles et de la garniture.

Mélangez tous les ingrédients de la sauce dans un bol de service et présentez avec les rouleaux. Servez avec des quartiers de citron vert.

Pour des rouleaux au crabe, remplacez les crevettes et le concombre par 200 g de chair de crabe blanc fraîche et 4 tiges de ciboule émincées. Suivez le reste de la recette. Servez avec des cacahuètes concassées si vous le souhaitez.

soufflés au fromage double cuisson

Pour **4 personnes**
Préparation **15 minutes**
Cuisson **30 à 40 minutes**

25 g de **beurre** + un peu de beurre fondu pour les ramequins
25 g de **farine de riz**
225 ml de **lait**
75 g de **bleu** émietté
75 g de **parmesan** râpé
1 c. à c. de **moutarde anglaise sans gluten**
1 c. à s. de **ciboulette** émincée
1 c. à s. de **thym**
2 **œufs**, blancs et jaunes séparés
100 ml de **crème fraîche épaisse**
sel et **poivre noir**

Beurrez 4 ramequins.

Faites chauffer le beurre dans une casserole, ajoutez la farine de riz et faites revenir 1 minute en remuant. Ajoutez progressivement le lait et faites chauffer, sans cesser de remuer, jusqu'à ce que la sauce épaississe et soit lisse. Ôtez du feu et laissez refroidir un peu. Ajoutez le bleu, la moitié du parmesan, la moutarde, les herbes et les jaunes d'œufs. Assaisonnez.

Montez les blancs d'œufs en neige puis incorporez-les à la sauce au fromage. Répartissez la préparation dans les ramequins, puis placez-les dans un plat à four. Versez de l'eau bouillante dans le plat, jusqu'à mi-hauteur des ramequins, puis mettez au four préchauffé à 180 °C pour 15 à 20 minutes. Laissez refroidir complètement.

Mélangez la crème et le reste du parmesan. Au moment de servir, nappez-en les soufflés. Mettez-les au four préchauffé à 220 °C pour 10 à 15 minutes, jusqu'à ce qu'ils soient dorés et gonflés. Servez avec une salade de cresson.

Pour une omelette soufflée au bleu pour 1 personne, séparez 3 gros œufs et montez les blancs en neige. Ajoutez délicatement les jaunes, 25 g de bleu émietté et 2 tiges de ciboule hachées. Faites chauffer 1 cuillerée à soupe de beurre dans une poêle, versez la préparation et faites cuire 1 minute. Parsemez de 1 cuillerée à soupe de parmesan râpé, puis faites dorer sous le gril du four. Servez avec une salade verte.

plats complets

gratin de légumes à la feta

Pour **4 personnes**
Préparation **10 minutes**
Cuisson **1 h 10**

4 c. à s. d'**huile d'olive**
1 **aubergine** coupée en deux puis en tranches
3 **courgettes** coupées en tranches
1 **oignon** émincé
2 gousses d'**ail** émincées
650 g de **pommes de terre** grattées et coupées en dés
400 g de **passata**
250 g de **tomates cerises**
1 poignée d'**herbes fraîches** hachées
250 g de **feta** émiettée
100 g de **chapelure fraîche sans gluten**
sel et **poivre noir**

Faites chauffer l'huile d'olive dans une grande poêle, ajoutez l'aubergine, les courgettes, l'oignon et l'ail, et faites revenir 4 à 5 minutes.

Ajoutez les pommes de terre, la passata, les tomates cerises et les herbes, puis assaisonnez. Mélangez bien et versez dans un grand plat à four. Mettez au four préchauffé à 200 °C pour 45 minutes. Sortez du four.

Parsemez les légumes rôtis de feta et de chapelure, remettez au four et faites cuire encore 12 à 15 minutes.

Pour un gratin de légumes et de crevettes, suivez la recette ci-dessus et faites cuire pendant 45 minutes au four. Ajoutez 300 g de crevettes décortiquées crues, puis 200 g de gruyère râpé et 100 g de chapelure et prolongez la cuisson comme ci-dessus.

bœuf teriyaki et nouilles de riz

Pour **4 personnes**
Préparation **15 minutes**
+ marinade
Cuisson **10 minutes**

500 g de **faux-filet**
300 g de **nouilles de riz sèches**
2 c. à s. d'**huile de sésame**
1 c. à s. de **gingembre frais** épluché et râpé
1 gousse d'**ail** émincée
100 g de **haricots mange-tout** émincés
1 **carotte** coupée en bâtonnets
4 tiges de **ciboule** émincées
1 poignée de **coriandre** hachée

Marinade teriyaki
2 c. à s. de **sauce soja sans gluten**
2 c. à s. de **saké**
1 c. à s. de **mirin**
½ c. à s. de **sucre**

Mélangez tous les ingrédients de la marinade dans un petit bol. Mettez le bœuf dans un plat, versez la marinade, couvrez et laissez reposer au réfrigérateur 2 heures au moins.

Plongez les nouilles dans de l'eau bouillante, puis égouttez-les.

Préchauffez une plaque en fonte et faites cuire le bœuf 2 à 3 minutes de chaque côté ; réservez la marinade. Placez ensuite le bœuf sur une planche à découper.

Faites chauffer l'huile de sésame dans un wok, puis faites revenir le gingembre et l'ail 30 secondes. Ajoutez les légumes et faites cuire jusqu'à ce qu'ils commencent à se ramollir. Ajoutez la coriandre, les nouilles et 2 à 3 cuillerées à soupe de marinade, puis faites chauffer. Répartissez sur 4 assiettes, coupez le bœuf en tranches et disposez-les sur les nouilles.

Pour une salade de bœuf thaïe, mélangez les ingrédients de la marinade en ajoutant 1 cuillerée à soupe d'huile de sésame, le zeste et le jus de 1 citron vert, 3 cuillerées à soupe de sauce de poisson thaïe, 1 poignée de coriandre, de menthe et de basilic thaï. Couvrez et laissez reposer au réfrigérateur. Faites griller le bœuf comme ci-dessus. Avec un couteau éplucheur, découpez de fins rubans de ½ concombre et de 2 carottes, puis placez-les dans la sauce refroidie, avec 4 tiges de ciboule émincées, 12 tomates cerises coupées en deux et 200 g de feuilles de salade. Émincez la viande, ajoutez à la salade puis servez.

poulet en cocotte

Pour **4 personnes**
Préparation **10 minutes**
Cuisson **1 h 30**

2 c. à s. d'**huile d'olive**
100 g de **poitrine de porc** émincée
2 **oignons** coupés en gros morceaux
500 g de **carottes primeurs** coupées en deux
600 g de **pommes de terre nouvelles** coupées en deux si elles sont grosses
1 tête d'**ail** coupée en deux dans l'épaisseur
1 poignée de **thym**
1 bulbe de **fenouil** émincé
1 **poulet** entier de 1,5 kg
2 grands verres de **vin blanc sec**
sel et **poivre noir**

Faites chauffer l'huile d'olive dans une grande cocotte, ajoutez la poitrine et faites revenir 1 à 2 minutes, jusqu'à ce qu'elle commence à se colorer. Ajoutez les ingrédients restants puis assaisonnez.

Couvrez et placez au four préchauffé à 200 °C pour 1 heure.

Ôtez le couvercle et poursuivez la cuisson encore 30 minutes. Si vous percez les zones les plus épaisses des cuisses du poulet, le jus qui s'écoule doit être clair. Accompagnez de gros morceaux de pain croustillant sans gluten, si vous le souhaitez.

Pour des petits pois braisés à servir en accompagnement, faites chauffer 25 g de beurre et 1 cuillerée à soupe d'huile d'olive dans une grande poêle, ajoutez 100 g de poitrine de porc ou de pancetta émincée et faites revenir 2 minutes, jusqu'à ce qu'elle soit croustillante. Ajoutez 300 g de petits pois frais ou surgelés et 100 g de bouillon de poulet sans gluten, puis faites cuire 3 à 4 minutes. Ajoutez 1 cuillerée à soupe de menthe hachée et le jus de ½ citron. Assaisonnez.

...otto à la courge butternut rôtie

Pour **4 personnes**
Préparation **10 minutes**
Cuisson **25 minutes**

1 **courge butternut** épluchée, épépinée et coupée en dés de 2,5 cm de côté
3 c. à s. d'**huile d'olive**
1 poignée de feuilles de **sauge**
1 **oignon** émincé
200 g de **riz à risotto**
1 verre de **vin blanc sec**
600 ml de **bouillon de légumes sans gluten**
4 c. à s. de **parmesan** râpé
15 g de **beurre**
75 g de **bleu** émietté
75 g de **roquette**
sel et **poivre noir**

Placez les morceaux de courge sur une feuille de papier sulfurisé, versez la moitié de l'huile et ajoutez les feuilles de sauge. Faites rôtir au four préchauffé à 200 °C pour 20 à 25 minutes.

Pendant ce temps, faites chauffer l'huile restante dans une grande poêle. Faites revenir l'oignon 3 à 4 minutes, puis versez le riz et enrobez-le d'huile et d'oignon. Incorporez le vin et faites cuire, en remuant, jusqu'à ce que le liquide soit absorbé.

Ajoutez le bouillon louchée par louchée, sans cesser de remuer, en attendant à chaque fois que le liquide soit bien absorbé par le riz. Lorsque le riz est cuit, ôtez du feu, incorporez le parmesan et le beurre. Assaisonnez.

Disposez la courge sur le risotto et servez dans des bols, en ajoutant le fromage bleu et la roquette.

Pour un risotto aux champignons sauvages, faites tremper 15 g de cèpes séchés dans un bol d'eau bouillante pendant 5 minutes, puis hachez-les et conservez l'eau de trempage. Préparez le risotto comme ci-dessus, en ajoutant les champignons et l'eau de trempage après la dernière louchée de bouillon. Quand le riz est cuit, incorporez 1 poignée de persil haché puis servez.

minipizzas à la polenta

Pour **10 pizzas**
Préparation **10 minutes**
Cuisson **20 minutes**

600 ml de **bouillon de légumes sans gluten**
150 g de **polenta instantanée**
25 g de **parmesan** râpé

Garniture
2 grosses **tomates** coupées en tranches
75 g de **jambon de Parme** grossièrement déchiré
150 g de **gorgonzola** émietté
50 g de **pignons de pin** grillés
1 c. à s. d'**huile d'olive** + un peu pour le graissage
1 poignée de **basilic**

Portez à ébullition le bouillon de légumes dans une casserole, puis ajoutez la polenta et le parmesan à feu doux. Prolongez la cuisson tout en remuant, jusqu'à ce que la polenta épaississe.

Versez le mélange sur un plan de travail légèrement huilé et étalez sur une épaisseur de 1 cm. Avec un emporte-pièce rond, découpez 10 disques de pâte légèrement plus grands que les tranches de tomate et déposez-les sur une feuille de papier sulfurisé légèrement huilée.

Déposez sur chaque pizza 1 tranche de tomate, un peu de jambon, du gorgonzola et des pignons de pin, puis ajoutez un filet d'huile d'olive.

Mettez au four préchauffé à 220 °C pour 10 à 12 minutes, jusqu'à ce que les pizzas soient dorées. Ajoutez le basilic puis servez.

Pour des pizzas aux tomates, aux épinards et à la mozzarella, préparez la pâte à pizza à la polenta comme ci-dessus. Remplacez les tomates par 12 tomates cerises émincées et déposez-les sur les pizzas, avec 100 g de jeunes pousses d'épinard cuites, égouttées et émincées, et 150 g de mozzarella effilée. Ajoutez un filet d'huile d'olive et le basilic. Faites cuire au four comme ci-dessus.

tajine de poulet

Pour **4 personnes**
Préparation **20 minutes**
+ marinade
Cuisson **1 h 40**

8 grosses **cuisses de poulet** sans la peau ou 1 **poulet entier** coupé en morceaux
1 c. à c. de **cumin moulu**
1 c. à c. de **coriandre moulue**
½ c. à c. de **curcuma moulu**
1 c. à c. de **gingembre moulu**
1 c. à c. de **paprika**
3 c. à s. d'**huile d'olive**
2 **oignons** coupés en quartiers
2 gousses d'**ail** émincées
1 bulbe de **fenouil** émincé
300 g de petites **pommes de terre nouvelles**
1 poignée de **raisins sultanine**
8 **abricots secs**
100 g d'**olives vertes** (facultatif)
1 pincée de **safran**
400 ml de **bouillon de poulet sans gluten**
1 petite poignée de **coriandre** émincée
sel et **poivre noir**

Pratiquez 2 ou 3 entailles dans chaque morceau de poulet. Mélangez les épices et la moitié de l'huile d'olive, frottez-en chaque morceau, puis couvrez et laissez mariner au réfrigérateur pendant 2 heures au minimum.

Faites chauffer l'huile restante dans un tajine ou dans une grande cocotte, ajoutez les morceaux de poulet et faites revenir 4 à 5 minutes, jusqu'à ce qu'ils soient dorés. Ajoutez les oignons, l'ail et le fenouil, et faites revenir 2 à 3 minutes.

Ajoutez tous les ingrédients restants, sauf la coriandre, et mélangez bien. Couvrez et laissez frémir pendant environ 1 h 30, jusqu'à ce que la chair du poulet se détache des os. Assaisonnez puis incorporez la coriandre.

Pour un tajine d'agneau aux pruneaux et aux amandes, faites mariner 600 g d'agneau maigre coupé en dés dans le mélange d'épices et d'huile d'olive, puis reprenez la recette ci-dessus en remplaçant les abricots par 8 pruneaux. Couvrez et laissez frémir pendant 2 heures environ, jusqu'à ce que la viande soit bien cuite et tendre. Incorporez 1 poignée d'amandes effilées torréfiées et la coriandre avant de servir.

saumon en croûte et salsa de tomates

Pour **4 personnes**
Préparation **10 minutes**
Cuisson **12 à 15 minutes**

1 c. à s. d'**herbes fraîches** hachées
1 gousse d'**ail** écrasée
3 c. à s. de **polenta**
4 filets de **saumon** sans la peau de 125 g chacun
poivre noir
4 c. à s. de **crème fraîche** allégée pour servir
salade verte grossièrement déchirée

Salsa
375 g de **tomates cerises** coupées en quartiers
1 petit **oignon rouge** émincé
½ **piment rouge** épépiné et émincé
1 poignée de **coriandre** hachée

Mélangez les herbes, l'ail et la polenta dans un grand bol. Enrobez les morceaux de saumon de cette préparation, en appuyant fermement sur la croûte.

Placez le poisson sur une feuille de papier sulfurisé et mettez au four préchauffé à 200 °C pour 12 à 15 minutes, jusqu'à ce qu'il soit cuit.

Mélangez les ingrédients de la salsa dans un bol. Répartissez le saumon sur 4 assiettes, recouvrez de salsa et accompagnez de 1 cuillerée à soupe de crème fraîche. Assaisonnez de poivre noir, puis servez avec la salade verte.

Pour des blancs de poulet enrobés de polenta, mélangez 2 cuillerées à soupe de fromage frais à tartiner avec les herbes fraîches hachées ainsi que 1 gousse d'ail écrasée. Pratiquez une fente horizontale dans 4 blancs de poulet désossés et sans peau. Remplissez cette cavité du mélange au fromage, puis fermez avec une pique en bois. Trempez les blancs de poulet dans un peu de farine sans gluten, de l'œuf battu puis la polenta. Faites cuire dans de l'huile d'olive 2 à 3 minutes de chaque côté, puis placez-les sur une feuille de papier sulfurisé et mettez au four préchauffé à 200 °C pour 10 à 12 minutes, jusqu'à ce que le poulet soit cuit. Servez avec la salsa de tomates et une salade verte.

brochettes d'agneau, tzatziki et salade

Pour **4 personnes**
Préparation **15 minutes**
Cuisson **6 à 7 minutes**

500 g d'**agneau** haché
2 c. à c. de **cumin moulu**
2 c. à c. de **thym**
1 c. à c. de **piment en poudre**
le **zeste** de ½ **citron**
sel et **poivre noir**

Tzatziki
200 g de **yaourt à la grecque**
¼ de **concombre** râpé
1 poignée de **menthe** hachée
le **jus** de ½ **citron**
1 gousse d'**ail** écrasée

Salade d'oignon rouge
1 gros **oignon rouge** émincé
2 grosses **tomates** émincées
2 c. à s. d'**huile d'olive**
1 c. à s. de **vinaigre de vin rouge**

Mélangez l'agneau, le cumin, le thym, le piment et le zeste de citron dans un saladier, puis assaisonnez. Divisez ce mélange en 8 boules que vous façonnerez autour de 8 piques à brochettes en métal.

Faites cuire les brochettes sur un gril ou sur un barbecue chaud pendant 6 à 7 minutes, en les retournant de temps en temps, jusqu'à ce que la viande soit dorée et bien cuite.

Mélangez tous les ingrédients du tzatziki dans un bol de service. Dans un autre bol, mélangez tous les ingrédients de la salade.

Servez les brochettes avec le tzatziki, la salade d'oignon rouge et du pain sans gluten grillé ou du riz à la vapeur, selon vos goûts.

Pour des brochettes de poulet épicé, mélangez le zeste et le jus de 1 orange, 1 cuillerée à café de gingembre frais épluché et râpé, 1 cuillerée à soupe de sauce soja sans gluten, 1 cuillerée à soupe d'huile de sésame, 1 cuillerée à soupe de miel liquide et 1 cuillerée à soupe de flocons de piment séché. Versez cette marinade sur 3 blancs de poulet sans la peau coupés en dés et placez au réfrigérateur pour au moins 20 minutes. Enfilez ensuite le poulet sur les piques à brochettes, avec des quartiers d'oignon rouge et des morceaux de poivron rouge. Faites cuire au gril ou au barbecue chaud pendant 5 à 6 minutes.

gratin de poulet et de poireaux

Pour **4 personnes**
Préparation **15 minutes**
Cuisson **40 à 45 minutes**

1 c. à s. d'**huile d'olive**
1 **oignon** haché
1 gousse d'**ail** écrasée
4 **poireaux** émincés
4 **blancs de poulet** sans la peau coupés en morceaux
1 petit verre de **vin blanc sec**
1 c. à s. de **farine de riz**
300 ml de **bouillon de poulet sans gluten**
150 ml de **crème fraîche épaisse**
2 c. à s. d'**estragon** haché
1 c. à s. de **moutarde anglaise sans gluten**
200 g de **chapelure fraîche sans gluten**
100 g de **gruyère** râpé
sel et **poivre noir**

Faites chauffer l'huile d'olive dans une grande poêle et faites revenir l'oignon, l'ail et les poireaux pendant 3 à 4 minutes. Versez les légumes sur une assiette, puis faites colorer le poulet dans la poêle pendant 3 minutes.

Ajoutez le vin et faites frémir jusqu'à ce qu'il ait réduit de moitié. Ajoutez la farine et faites cuire 1 minute sans cesser de remuer, puis ajoutez progressivement le bouillon de poulet. Poursuivez la cuisson en remuant, jusqu'à ce que la sauce épaississe.

Ajoutez ensuite les poireaux, la crème, l'estragon et la moutarde, puis assaisonnez. Versez le tout dans un plat à gratin puis parsemez de chapelure et de gruyère.

Faites cuire au four préchauffé à 200 °C pendant 25 à 30 minutes, jusqu'à ce que le gratin soit doré. Servez avec des légumes cuits à la vapeur.

Pour un gratin de pâtes au poulet et aux champignons, faites cuire 375 g de pâtes sans gluten dans une casserole d'eau bouillante salée, selon les instructions de l'emballage, puis égouttez-les. Pendant ce temps, faites revenir l'oignon et l'ail avec 500 g de champignons variés émincés. Comme ci-dessus, mélangez les champignons avec le poulet en sauce, la crème, l'estragon et la moutarde. Assaisonnez puis incorporez les pâtes. Versez le tout dans un plat à gratin. Parsemez de chapelure et de gruyère, et faites cuire au four.

nouilles aux fruits de mer

Pour **4 personnes**
Préparation **10 minutes**
Cuisson **7 à 12 minutes**

375 g de **nouilles de riz** sèches
3 c. à s. d'**huile d'olive**
1 petit **oignon** émincé
3 gousses d'**ail** écrasées
5 cm de **gingembre frais**, épluché et finement râpé
1 **piment rouge** épépiné et émincé
200 g de **tomates cerises** coupées en quartiers
500 g de **crevettes** crues décortiquées
200 g de **chair de crabe blanc fraîche**
3 c. à s. de **persil** haché

Plongez les nouilles dans de l'eau bouillante selon les consignes sur l'emballage. Égouttez bien.

Pendant ce temps, faites chauffer l'huile d'olive dans une grande poêle et faites revenir l'oignon, l'ail, le gingembre et le piment pendant 1 à 2 minutes.

Ajoutez les tomates et les crevettes, et faites cuire 2 à 3 minutes, jusqu'à ce que les crevettes soient bien cuites.

Ajoutez le crabe et de persil, mélangez avec les nouilles et servez immédiatement.

Pour un laksa aux fruits de mer, faites revenir l'oignon, l'ail, le gingembre et le piment. Dans un petit mixeur, préparez une pâte avec ½ cuillerée à café de curcuma et l'intérieur de 2 tiges de citronnelle. Faites revenir la pâte de citronnelle avec l'oignon pendant 2 minutes, puis ajoutez 400 ml de lait de coco en conserve et 1 litre de bouillon de poisson ou de légumes sans gluten, et faites frémir pendant 10 minutes. Ajoutez 500 g de crevettes cuites décortiquées, 200 g de chair de crabe blanc fraîche, 2 cuillerées à soupe de coriandre hachée et 250 g de nouilles de riz précuites. Faites chauffer puis servez.

poivrons farcis

Pour **4 personnes**
Préparation **15 minutes**
Cuisson **1 heure**

2 **poivrons rouges** coupés en deux et épépinés
2 **poivrons orange** coupés en deux et épépinés
2 c. à s. d'**huile d'olive** + un peu pour badigeonner les poivrons
1 **oignon rouge** haché
1 gousse d'**ail** écrasée
1 petit **piment rouge** épépiné et émincé
25 g de **pignons de pin**
200 g de **riz sauvage** cuit
400 g de **lentilles vertes** en conserve, rincées et égouttées
250 g de **tomates cerises** coupées en quartiers
100 g d'**abricots secs** hachés
1 poignée de **raisins sultanine**
le **zeste** de 1 **citron**
2 c. à s. d'**herbes fraîches** hachées
100 g de **feta** émiettée

Placez les poivrons dans un plat à four, côté ouvert vers le haut, et badigeonnez-les d'huile d'olive avec un pinceau. Faites cuire au four préchauffé à 200 °C pendant 20 minutes.

Faites chauffer l'huile d'olive dans une poêle, puis faites revenir l'oignon, l'ail et le piment pendant 2 minutes. Ajoutez les pignons de pin et faites-les dorer 2 minutes. Incorporez ensuite tous les autres ingrédients.

Sortez les poivrons du four et remplissez-les de farce. Couvrez de papier d'aluminium et remettez au four pour 25 minutes, puis ôtez le papier d'aluminium et faites cuire encore 15 minutes. Servez avec une salade croquante.

Pour des aubergines farcies, piquez 2 grosses aubergines avec une fourchette. Placez-les sur une feuille de papier sulfurisé et faites cuire au four préchauffé à 200 °C pendant 30 minutes. Sortez du four et coupez-les en deux dans le sens de la longueur. Retirez le maximum de chair avec une cuillère et hachez-la grossièrement. Préparez la farce comme ci-dessus, en faisant revenir la chair des aubergines dans la poêle avec l'oignon, l'ail et le piment. Remplissez les aubergines de farce et faites cuire comme ci-dessus.

pâtes au lard et aux épinards

Pour **4 personnes**
Préparation **10 minutes**
Cuisson **15 minutes**

375 g de **pâtes sans gluten**
1 c. à s. d'**huile d'olive**
200 g de **lard fumé** émincé
1 **oignon** émincé
2 c. à s. de **pignons de pin**
175 g de **jeunes pousses d'épinard**
300 g de **tomates cerises** coupées en deux
6 c. à s. de **crème liquide**
2 c. à s. de **parmesan** râpé
4 tiges de **ciboule** émincées
sel et **poivre noir**

Faites cuire les pâtes dans une casserole d'eau bouillante salée, selon les instructions de l'emballage. Égouttez-les.

Faites chauffer l'huile d'olive dans une poêle, puis faites revenir le lard et l'oignon pendant 3 à 4 minutes, jusqu'à ce que le lard soit croustillant et l'oignon fondu.

Ajoutez les pignons de pin et faites revenir 1 minute. Ajoutez les épinards et les tomates, et faites cuire jusqu'à ce que les épinards soient juste flétris.

Mélangez les épinards aux pâtes, incorporez la crème liquide, le parmesan et la ciboule. Assaisonnez puis servez immédiatement.

Pour des pâtes au brocoli, au lard fumé et au bleu, faites cuire les pâtes en ajoutant 300 g de brocoli 4 minutes avant la fin de la cuisson. Égouttez. Pendant ce temps, faites revenir le lard dans l'huile d'olive ; ne mettez pas d'oignon. Ajoutez 150 ml de crème liquide et 100 g de bleu émietté. Incorporez le mélange aux pâtes et au brocoli, puis servez sans attendre.

poulet thaï à la noix de coco

Pour **4 personnes**
Préparation **20 minutes**
Cuisson **40 à 45 minutes**

500 ml de **bouillon de poulet sans gluten**
4 **blancs de poulet** coupés en dés
1 c. à s. d'**huile d'arachide**
400 ml de **lait de coco**
sel et **poivre noir**
coriandre grossièrement hachée pour servir
nouilles de riz cuites ou **riz parfumé** en accompagnement

Pâte de curry
1 **piment vert** épépiné et grossièrement haché
1 petit **oignon** haché
3 gousses d'**ail** hachées
50 g de **coriandre**
2 c. à c. de **sauce de poisson thaïe**
¼ de c. à c. de **curcuma moulu**
1 tige de **citronnelle** grossièrement hachée
le **zeste** et le **jus** de 1 **citron vert**
2 c. à c. de **sucre**
15 g de **gingembre frais** épluché et haché

Préparez la pâte de curry. Mixez tous les ingrédients jusqu'à obtenir une pâte lisse.

Dans une grande casserole, portez à ébullition le bouillon de poulet et la pâte de curry. Faites cuire à découvert pendant 15 à 20 minutes, jusqu'à ce que la majorité du liquide se soit évaporée.

Assaisonnez légèrement le poulet. Faites chauffer l'huile dans une grande poêle et faites revenir le poulet 5 minutes.

Ajoutez le poulet et le lait de coco à la sauce au curry, et faites cuire pendant environ 20 minutes, jusqu'à ce que le poulet soit très tendre. Répartissez dans des bols, parsemez de coriandre et servez avec des nouilles de riz ou du riz parfumé.

Pour du tofu thaï à la noix de coco, préparez la pâte de curry comme ci-dessus, en remplaçant la sauce de poisson thaïe par 2 cuillerées à café de sauce soja sans gluten. Suivez la recette en remplaçant le bouillon de poulet par 500 ml de bouillon de légumes sans gluten et en utilisant 200 g de tofu ferme coupé en dés à la place du poulet.

saumon à la harissa et patates douces

Pour **4 personnes**
Préparation **10 minutes**
+ marinade
Cuisson **35 à 40 minutes**

2 c. à s. de **yaourt nature**
2 c. à c. de **harissa**
2 c. à s. de **coriandre** hachée + un peu pour servir
le **zeste** et le **jus** de ½ **citron vert**
4 filets de **saumon** sans la peau de 150 g chacun
huile végétale
quartiers de **citron vert** et **persil plat** pour servir

Patates douces épicées
500 g de **patates douces** pelées et coupées en morceaux
1 c. à s. d'**huile d'olive**
1 c. à c. de **graines de cumin**
½ c. à c. de **garam masala**
sel et **poivre noir**

Mélangez le yaourt, la harissa, la coriandre ainsi que le zeste et le jus de citron vert dans un saladier non métallique. Ajoutez le saumon et enrobez-le du mélange. Couvrez et laissez mariner au réfrigérateur 20 minutes au minimum.

Dans un saladier, mélangez les morceaux de patate douce, l'huile d'olive, les graines de cumin et le garam masala, puis assaisonnez. Transférez dans un plat à rôtir et mettez au four préchauffé à 220 °C pour 35 à 40 minutes.

Faites chauffer une poêle légèrement huilée ou une plaque en fonte vers la fin de la cuisson des patates douces. Faites cuire le saumon 3 minutes de chaque côté. Décorez de coriandre et servez avec les patates douces, des quartiers de citron vert et du persil plat.

Pour des bâtonnets de poulet épicé, préparez la marinade de yaourt et de harissa comme ci-dessus et ajoutez 1 cuillerée à café d'huile d'arachide. Percez à plusieurs reprises la chair de 8 pilons de poulet sans la peau et couvrez de marinade. Laissez reposer, puis faites cuire au gril ou au barbecue pendant 12 à 15 minutes. Servez avec une salade verte.

rôti de porc aux lentilles

Pour **5 à 6 personnes**
Préparation **15 minutes**
Cuisson **1 h 55** + repos

175 g de **lentilles du Puy**
875 g de **rôti de porc** sans couenne, désossé et roulé
2 c. à s. d'**huile d'olive**
2 gros **oignons** émincés
3 gousses d'**ail** émincées
1 c. à s. de **romarin** finement haché
300 ml de **bouillon de poulet** ou **de légumes sans gluten**
250 g de **carottes nouvelles** brossées
sel et **poivre noir**

Dans une casserole, couvrez les lentilles d'eau froide et portez à ébullition. Faites cuire 10 minutes puis égouttez.

Assaisonnez le rôti de sel et de poivre. Faites chauffer l'huile d'olive dans une grande poêle à fond épais et faites dorer la viande de tous les côtés. Transférez dans une cocotte et ajoutez les lentilles.

Faites revenir les oignons dans la poêle pendant 5 minutes. Ajoutez l'ail, le romarin et le bouillon, et portez à ébullition. Versez le tout dans la cocotte. Couvrez puis placez au four préchauffé à 180 °C pour 1 heure.

Ajoutez les carottes entières dans la cocotte, assaisonnez et remettez au four pour 20 à 30 minutes. Égouttez la viande, déposez-la sur un plat et laissez reposer au chaud 20 minutes. Coupez-la en tranches puis servez accompagné de lentilles, de carottes et de jus de cuisson.

Pour un rôti de porc farci aux abricots, faites chauffer 1 cuillerée à soupe d'huile d'olive dans une poêle, puis faites revenir 1 oignon émincé et 1 gousse d'ail 3 à 4 minutes. Incorporez 100 g d'abricots secs émincés, 2 cuillerées à soupe de pignons de pin, 1 cuillerée à soupe de sauge hachée et 2 cuillerées à soupe de chapelure fraîche sans gluten. Ôtez du feu, mélangez bien et répartissez à l'intérieur du rôti avant de le rouler et de le refermer avec de la ficelle de cuisine.

ade de riz et poulet grillé

Pour **4 personnes**
Préparation **10 minutes**
+ marinade
Cuisson **35 minutes**

1 gousse d'**ail** écrasée
2 c. à c. d'**huile d'olive**
1 c. à c. de **vinaigre balsamique**
4 petits **blancs de poulet** sans la peau, coupés en deux à l'horizontale

Salade de riz
200 g de **riz sauvage** et de **riz basmati** mélangés
2 **poivrons rouges** grillés, épépinés et émincés
3 tiges de **ciboule** émincées
125 g de **tomates cerises** coupées en quartiers
75 g de **roquette**
75 g de **fromage de chèvre** émietté

Sauce
le **jus** de ½ **citron**
1 c. à c. de **moutarde de Dijon sans gluten**
1 c. à c. de **miel liquide**
2 c. à s. d'**huile d'olive**

Mélangez l'ail, l'huile d'olive et le vinaigre dans un saladier et faites-y mariner le poulet. Placez au réfrigérateur pour au moins 30 minutes.

Faites cuire les riz dans une casserole d'eau bouillante, selon les instructions de l'emballage. Égouttez et laissez refroidir. Dans un grand saladier, mélangez les riz avec les poivrons, la ciboule, les tomates, la roquette et le fromage de chèvre.

Mélangez les ingrédients de la sauce dans un bol puis versez-la sur la salade de riz. Répartissez la salade sur 4 assiettes.

Faites chauffer une plaque en fonte et faites cuire le poulet 3 à 4 minutes de chaque côté. Coupez le poulet grillé en tranches, disposez-les sur la salade puis servez sans attendre.

Pour une salade de riz sauvage à l'orange et au fromage halloumi, préparez la salade de riz comme ci-dessus, en remplaçant les poivrons rouges par la chair de 2 oranges et en ôtant le fromage de chèvre de la recette. Préparez la sauce et versez-la sur la salade. Coupez 200 g de fromage halloumi en tranches, badigeonnez-les d'un peu d'huile d'olive et poivrez généreusement. Faites chauffer une plaque en fonte et faites griller le halloumi 1 à 2 minutes de chaque côté, jusqu'à ce qu'il brunisse. Déposez au sommet de la salade puis servez.

gratin de poisson aux épinards

Pour **4 personnes**
Préparation **15 minutes**
Cuisson **45 à 55 minutes**

1 c. à s. d'**huile d'olive**
1 **oignon** haché
175 g de **jeunes pousses d'épinard**
50 g de **beurre**
25 g de **farine de riz**
600 ml de **lait**
1 c. à s. de **moutarde en grains sans gluten**
1 bonne pincée de **noix de muscade**
650 g de mélange de **saumon** sans peau, de **haddock** et filet de **haddock fumé** coupé en morceaux
200 g de **crevettes** crues décortiquées
sel et **poivre noir**

Croûte de pommes de terre
1 kg de **pommes de terre** pelées et coupées en morceaux
une bonne noisette de **beurre**
100 ml de **crème liquide**

Préparez la croûte de pommes de terre. Faites cuire les pommes de terre dans de l'eau bouillante salée pendant 15 minutes. Égouttez-les puis remettez-les dans la casserole. Réduisez-les en purée, avec le beurre et la crème liquide, puis assaisonnez.

Faites chauffer l'huile d'olive dans une grande poêle et faites revenir l'oignon 2 à 3 minutes. Ajoutez les épinards et faites cuire jusqu'à ce que toute l'eau se soit évaporée.

Faites fondre le beurre dans une casserole, ajoutez la farine et faites cuire en remuant pendant 1 minute. Ajoutez progressivement le lait, sans cesser de remuer, jusqu'à obtenir une préparation lisse et épaisse. Incorporez la moutarde et la noix de muscade, puis assaisonnez.

Placez le poisson et les crevettes dans un grand plat à gratin. Versez la sauce puis recouvrez d'épinards, de purée de pommes de terre et mettez au four préchauffé à 200 °C pour 30 à 35 minutes.

Pour un gratin de poisson aux röstis, faites cuire à la vapeur 3 pommes de terre pendant 12 à 15 minutes, puis râpez-les dans un grand bol. Ajoutez 25 g de beurre fondu puis assaisonnez. Préparez la sauce comme ci-dessus, puis versez-la sur le poisson et les crevettes dans un grand plat à gratin. Répartissez dessus les pommes de terre râpées. Faites cuire comme ci-dessus.

nouilles de riz au poivron

Pour **4 personnes**
Préparation **10 minutes**
Cuisson **7 à 10 minutes**

8 c. à c. de **vinaigre de riz**
2 c. à s. de **sucre**
2 c. à c. de **sauce de poisson thaïe**
2 c. à s. de **sauce soja sans gluten**
200 g de **nouilles de riz** sèches
2 c. à s. d'**huile végétale** ou **d'arachide**
1 **piment rouge** épépiné et finement haché
1 gros **poivron rouge** épépiné et émincé
100 g de **haricots mange-tout** émincés dans la longueur

Mélangez le vinaigre, le sucre, la sauce de poisson et la sauce soja dans un bol.

Plongez les nouilles dans de l'eau bouillante, selon les instructions de l'emballage.

Faites chauffer l'huile dans une poêle, puis faites revenir le piment, le poivron rouge et les haricots mange-tout pendant 4 à 5 minutes, jusqu'à ce que les légumes soient tendres.

Égouttez les nouilles et ajoutez-les dans la poêle, avec la sauce vinaigrée. Mélangez bien puis servez sans attendre.

Pour des nouilles au poulet pimenté et au maïs, mélangez le vinaigre, le sucre, la sauce de poisson et la sauce soja, puis faites cuire les nouilles comme ci-dessus. Faites chauffer l'huile dans une poêle, ajoutez 3 blancs de poulet sans la peau émincés et faites revenir 2 à 3 minutes, jusqu'à ce que la viande commence à dorer. Ajoutez le piment, le poivron rouge, les haricots mange-tout et 100 g de maïs doux, et faites cuire encore 3 minutes. Mélangez aux nouilles égouttées et à la sauce vinaigrée comme ci-dessus.

agneau mijoté et boulettes de riz

Pour **4 personnes**
Préparation **15 minutes**
Cuisson **1 h 45**

2 c. à s. de **farine complète sans gluten**
750 g d'**agneau maigre** coupé en dés
2 c. à s. d'**huile d'olive**
12 **échalotes** pelées
2 gousses d'**ail** émincées
1 c. à s. de **purée de tomates**
quelques brins de **thym**
1 feuille de **laurier**
300 ml de **vin rouge**
600 ml de **bouillon de poulet sans gluten**
750 g de **jeunes carottes**, de **navets** pelés et hachés et de **pommes de terre nouvelles**
200 g de **haricots verts** équeutés
sel et **poivre noir**

Boulettes
175 g de **farine de riz**
1 c. à c. de **poudre à lever sans gluten**
75 g de **beurre**
1 poignée d'**herbes fraîches** hachées

Assaisonnez la farine, puis roulez les morceaux d'agneau dedans. Faites chauffer l'huile d'olive dans une grande cocotte puis faites dorer la viande.

Ajoutez les échalotes et l'ail, faites revenir 1 minute puis incorporez la purée de tomates, le thym et le laurier. Ajoutez progressivement le vin rouge et le bouillon, portez à frémissements puis couvrez et laissez cuire 1 heure, jusqu'à ce que la viande soit presque tendre.

Mélangez tous les ingrédients des boulettes dans un saladier, assaisonnez puis ajoutez suffisamment d'eau froide pour obtenir une pâte souple. Façonnez 12 boulettes.

Ajoutez les légumes dans la cocotte, puis disposez les boulettes dessus. Couvrez et laissez cuire encore 25 à 30 minutes, jusqu'à ce que les légumes soient tendres.

Pour une cocotte de patates douces et d'aubergine, ôtez l'agneau de la recette. Faites revenir les échalotes et l'ail avec 2 grosses patates douces pelées et coupées en dés et 1 aubergine hachée, pendant 4 à 5 minutes, jusqu'à ce que les légumes soient tendres. Poursuivez la recette en remplaçant le bouillon de poulet par 600 ml de bouillon de légumes sans gluten. Faites frémir à feu doux pendant 20 minutes, puis ajoutez 150 g de haricots verts avant de déposer les boulettes. Couvrez et faites cuire encore 25 à 30 minutes.

haddock épicé et potatoes au cumin

Pour **4 personnes**
Préparation **10 minutes**
+ marinade
Cuisson **40 minutes**

4 filets de **haddock** de 150 g chacun

Marinade épicée
½ c. à c. de **paprika**
1 c. à c. de **cumin moulu**
1 gousse d'**ail** écrasée
5 cm de **gingembre frais**, épluché et finement râpé
½ c. à c. de **coriandre moulue**
1 c. à s. de **coriandre** hachée
½ c. à c. de **curcuma**
1 c. à s. d'**huile d'olive**

Potatoes au cumin
500 g de **pommes de terre** épluchées et coupées en dés
1 c. à c. de **graines de cumin**
1 tête d'**ail** dont vous aurez séparé les gousses
1 c. à s. d'**huile d'olive**
sel et **poivre noir**

Déposez le haddock dans un plat. Mélangez toutes les épices et l'huile d'olive dans un bol, puis frottez-en le poisson. Couvrez puis laissez mariner au réfrigérateur 30 minutes.

Mélangez les pommes de terre avec les ingrédients restants, puis placez-les sur une feuille de papier sulfurisé. Faites cuire au four préchauffé à 200 °C pendant 40 minutes environ, jusqu'à ce que les pommes de terre soient croustillantes et dorées.

Faites chauffer une plancha ou une poêle et faites cuire le haddock 2 minutes de chaque côté, jusqu'à ce qu'il soit croustillant et doré. Servez avec les potatoes au cumin et du mesclun.

Pour un coleslaw maison à servir en accompagnement, râpez 3 carottes épluchées dans un grand bol. Émincez 1 petit chou blanc ou rouge et incorporez-le aux carottes, avec 1 petit oignon émincé. Mélangez 4 cuillerées à soupe de crème fraîche allégée, 1 cuillerée à soupe de coriandre hachée, 1 cuillerée à café de graines de cumin, le zeste et le jus de ½ citron. Incorporez cette sauce au coleslaw.

risotto à la pancetta et au poulet

Pour **4 personnes**
Préparation **10 minutes**
Cuisson **25 minutes**

1 c. à s. d'**huile d'olive** + un peu pour la plancha
150 g de **pancetta** coupée en dés
1 petit **oignon** finement haché
1 gousse d'**ail** hachée
300 g de **riz à risotto**
125 ml de **vin blanc sec**
900 ml de **bouillon de poulet sans gluten**
125 g de **petits pois**
1 c. à c. de **thym**
4 petits **blancs de poulet** sans la peau coupés en deux dans la longueur
2 c. à s. de **parmesan** râpé
sel et **poivre noir**

Faites chauffer l'huile d'olive dans une grande poêle et faites revenir la pancetta 2 minutes, jusqu'à ce qu'elle commence à dorer. Ajoutez l'oignon et l'ail, et faites revenir encore 1 à 2 minutes.

Ajoutez le riz, enrobez-le d'huile et d'oignon. Versez le vin et remuez jusqu'à ce qu'il soit absorbé.

Ajoutez le bouillon louchée par louchée, sans cesser de remuer en attendant que chaque louchée ait été absorbée. À la dernière louchée de bouillon, incorporez également les petits pois et le thym.

Faites chauffer une plancha juste avant de servir. Versez un filet d'huile d'olive sur les blancs de poulet et faites-les cuire 2 à 3 minutes de chaque côté. Coupez le poulet en tranches.

Incorporez le parmesan au risotto lorsque le riz est presque cuit et que les petits pois sont tendres. Servez dans des assiettes creuses, en disposant le poulet sur le risotto. Assaisonnez bien.

Pour des boulettes de risotto, préparez le risotto comme ci-dessus puis laissez-le refroidir complètement. Ajoutez ensuite 1 petit œuf ou 1 gros jaune d'œuf et façonnez 8 boulettes. Roulez-les ensuite dans une chapelure fraîche sans gluten puis faites-les frire dans l'huile 2 minutes de chaque côté, jusqu'à ce qu'elles soient dorées et cuites. Servez avec une salade.

gratin d'aubergines

Pour **4 personnes**
Préparation **10 minutes**
Cuisson **40 à 45 minutes**

2 c. à s. d'**huile d'olive**
2 grosses **aubergines** coupées en tranches
150 g de **mozzarella** grossièrement coupée
4 c. à s. de **parmesan** râpé
sel et **poivre noir**

Sauce tomate
1 c. à s. d'**huile d'olive**
1 petit **oignon** finement haché
1 gousse d'**ail** écrasée
400 g de **tomates allongées entières** en conserve
1 poignée de **basilic** déchiré

Préparez la sauce tomate. Faites chauffer l'huile d'olive dans une casserole, puis faites revenir l'oignon et l'ail 3 à 4 minutes. Ajoutez les tomates et le basilic, puis faites frémir pendant 15 minutes.

Pendant ce temps, badigeonnez d'huile d'olive chaque côté des tranches d'aubergine. Faites chauffer une plancha et faites-y cuire les tranches d'aubergine 1 à 2 minutes, jusqu'à ce qu'elles soient tendres et dorées.

Déposez une petite quantité de sauce tomate dans un plat à four, répartissez ensuite la moitié des aubergines, la moitié de la mozzarella puis le parmesan, et assaisonnez. Déposez une nouvelle couche de chaque ingrédient, en terminant par les fromages.

Faites cuire au four préchauffé à 200 °C pendant 20 à 25 minutes, jusqu'à ce que le gratin soit doré. Servez avec une salade verte et du pain croustillant.

Pour un gratin d'aubergines pimenté au poulet, préparez la sauce tomate comme ci-dessus, en incorporant 1 piment rouge épépiné et émincé à l'ail et à l'oignon. Faites cuire les aubergines et dressez le gratin comme ci-dessus, en ajoutant 300 g de poulet cuit grossièrement coupé entre les couches d'aubergine. Faites cuire comme ci-dessus.

palets de poisson croustillants

Pour **4 personnes**
Préparation **5 minutes**
Cuisson **25 à 30 minutes**

500 g de filets de **cabillaud** ou de **haddock** sans la peau, coupés en gros morceaux
4 c. à s. de **lait**
750 g de **pommes de terre** épluchées et coupées en morceaux
25 g de **beurre**
2 c. à s. de **câpres** rincées et hachées
1 **œuf** battu
75 g de **polenta**
huile de tournesol ou **d'olive** pour la friture
sel et **poivre noir**
1 grosse poignée de **cresson** pour servir

Mayonnaise au fenouil
6 c. à s. de **mayonnaise**
3 c. à s. de **yaourt nature**
3 c. à s. de **fenouil** haché
2 c. à c. de **sauce au raifort relevée**

Mettez les morceaux de poisson dans une poêle, avec le lait. Assaisonnez légèrement, couvrez et faites cuire 5 minutes à feu doux. Égouttez et réservez le jus de cuisson.

Faites cuire les pommes de terre 15 minutes dans de l'eau bouillante salée. Égouttez-les, puis écrasez-les dans un saladier avec une fourchette.

Ajoutez le beurre, les câpres, le poisson et 2 cuillerées à soupe de jus de cuisson, puis assaisonnez. Mélangez en veillant à garder des morceaux de poisson et de pomme de terre. Façonnez 8 à 10 boules et aplatissez-les pour obtenir des palets.

Versez l'œuf dans une assiette et la polenta dans une autre. Enrobez les palets d'œuf puis de polenta.

Mélangez les ingrédients de la mayonnaise au fenouil dans un récipient. Dans une grande poêle, faites chauffer l'huile à hauteur de 5 mm et faites frire les palets de poisson 2 minutes de chaque côté. Servez chaud, avec la mayonnaise et du cresson.

Pour des palets au saumon et une mayonnaise à la coriandre, suivez la recette ci-dessus en remplaçant le poisson blanc par 500 g de filets de saumon sans la peau et en incorporant le zeste de 1 citron vert au mélange. Mélangez la mayonnaise et le yaourt avec 3 cuillerées à soupe de coriandre émincée et un trait de jus de citron vert. Faites frire les palets comme ci-dessus, puis servez avec la mayonnaise à la coriandre.

pizza margherita à la pomme de terre

Pour **3 à 4 personnes**
Préparation **20 minutes**
+ refroidissement
Cuisson **45 minutes**

1 kg de **pommes de terre** épluchées et coupées en petits morceaux
3 c. à s. d'**huile d'olive** + un peu pour le papier sulfurisé
1 **œuf** battu
50 g de **parmesan** ou de **cheddar** râpé
4 c. à s. de **concentré de tomate** ou de **ketchup**
500 g de petites **tomates** émincées
125 g de **mozzarella** coupée en fines tranches
1 c. à s. de **thym** haché + un peu pour servir (facultatif)
sel

Faites cuire les pommes de terre pendant 15 minutes dans une casserole d'eau bouillante salée. Égouttez-les, remettez-les dans la casserole et laissez refroidir 10 minutes.

Incorporez 2 cuillerées à soupe d'huile d'olive, l'œuf et la moitié du parmesan râpé, et mélangez bien. Transférez le mélange sur une feuille de papier sulfurisé huilée et étalez pour obtenir un disque de 25 cm de diamètre. Mettez au four préchauffé à 200 °C pour 15 minutes.

Sortez la galette de pommes de terre du four, puis étalez dessus le concentré de tomate ou le ketchup. Disposez dessus les tomates et les tranches de mozzarella. Saupoudrez de parmesan râpé, de thym et d'un peu de sel si nécessaire. Versez le filet d'huile d'olive restant.

Remettez au four pour 15 minutes, jusqu'à ce que les bords de la galette soient croustillants et que le fromage ait fondu. Coupez la galette en parts, décorez de thym puis servez.

Pour une pizza au maïs et au salami, suivez la recette en ajoutant 200 g de maïs en conserve égoutté et 6 tranches de salami hachées aux tomates et à la mozzarella.

spaghettis bolognaise végétariens

Pour **2 personnes**
Préparation **15 minutes**
Cuisson **40 à 50 minutes**

1 c. à s. d'**huile végétale**
1 **oignon** finement haché
1 gousse d'**ail** finement hachée
1 bâton de **céleri** finement haché
1 **carotte** finement hachée
75 g de **champignons de Paris** grossièrement hachés
1 c. à s. de **purée de tomates**
400 g de **tomates** en conserve hachées
250 ml de **vin rouge** ou de **bouillon de légumes sans gluten**
1 pincée d'**herbes séchées variées**
1 c. à c. d'**extrait de levure**
150 g de **protéines végétales texturées**
2 c. à s. de **persil** haché
200 g de **spaghettis sans gluten**
sel et **poivre noir**
parmesan râpé pour servir

Faites chauffer l'huile dans un faitout, à feu moyen. Faites revenir l'oignon, l'ail, le céleri, la carotte et les champignons en remuant régulièrement, pendant 5 minutes. Ajoutez la purée de tomates et faites cuire encore 1 minute en remuant.

Ajoutez les tomates, le vin ou le bouillon, les herbes, l'extrait de levure et les protéines végétales texturées. Portez à ébullition, puis baissez le feu, couvrez et laissez frémir 30 à 40 minutes, jusqu'à ce que les protéines végétales soient tendres. Incorporez le persil et assaisonnez.

Faites cuire les pâtes dans une grande casserole d'eau bouillante salée, selon les instructions de l'emballage. Égouttez-les.

Répartissez les pâtes sur 2 assiettes, nappez de sauce aux légumes et servez sans attendre, avec un peu de parmesan.

Pour une bolognaise de lentilles, préparez la sauce comme ci-dessus, en remplaçant les champignons par 1 poivron rouge épépiné coupé en dés et 150 g de lentilles vertes en conserve ; rincez les lentilles avant usage. Si vous utilisez des lentilles sèches, faites-les d'abord cuire à l'eau bouillante selon les instructions de l'emballage, puis égouttez-les. Faites cuire les spaghettis, nappez-les de sauce et parsemez d'un peu de parmesan râpé.

cakes & pains

muffins au fromage et aux herbes

Pour **8 muffins**
Préparation **5 minutes**
Cuisson **20 minutes**

175 g de **gruyère** râpé
3 tiges de **ciboule** émincées
1 c. à c. de **thym**
1 c. à s. de **persil** haché
100 g de **farine de riz**
½ c. à c. de **poudre à lever sans gluten**
150 g de **chapelure fraîche sans gluten**
1 c. à c. de **moutarde anglaise sans gluten**
3 **œufs** battus
50 g de **beurre** fondu
4 c. à s. de **lait**

Garnissez un moule à muffins de 8 caissettes en papier.

Mélangez tous les ingrédients dans un grand saladier et répartissez le mélange dans les caissettes.

Mettez au four préchauffé à 190 °C pour 20 minutes, jusqu'à ce que les muffins soient dorés et fermes. Sortez-les du four et servez-les tièdes.

Pour des muffins à l'oignon caramélisé et à la feta, faites chauffer 1 cuillerée à soupe d'huile d'olive dans une casserole, ajoutez 1 oignon émincé et faites revenir 10 minutes à feu doux, jusqu'à ce qu'il fonde et commence à dorer. Ajoutez 1 cuillerée à café de sucre et faites cuire encore 2 à 3 minutes. Déposez les caissettes dans le moule à muffins. Mélangez 100 g de feta émiettée, 1 cuillerée à soupe de thym haché et l'oignon caramélisé avec la farine de riz, la poudre à lever, la chapelure, la moutarde, les œufs, le beurre fondu et le lait, comme ci-dessus. Répartissez la préparation dans les caissettes et mettez au four préchauffé à 200 °C pour 20 minutes, jusqu'à ce que les muffins soient dorés et fermes. Servez tiède.

pain au maïs et au piment

Pour **16 parts**
Préparation **5 minutes**
Cuisson **30 à 35 minutes**

150 g de **farine de riz**
150 g de **polenta**
1 c. à c. de **sel**
2 c. à c. de **poudre à lever sans gluten**
1 c. à s. de **sucre**
3 c. à s. de **parmesan** râpé
1 poignée d'**herbes fraîches** hachées
1 **piment rouge** épépiné et émincé
3 c. à s. d'**huile d'olive** + un peu pour le moule
2 **œufs** battus
300 ml de **lait ribot**

Huilez un moule carré de 20 cm de côté.

Tamisez la farine, la polenta, le sel et la poudre à lever au-dessus d'un saladier. Incorporez le sucre, le parmesan, les herbes et le piment.

Dans un autre saladier, mélangez l'huile d'olive, les œufs et le lait ribot, puis incorporez-les délicatement aux ingrédients secs.

Versez le mélange dans le moule et mettez au four préchauffé à 190 °C pour 30 à 35 minutes, jusqu'à ce que le pain soit doré. Sortez du four et démoulez sur une grille, laissez refroidir puis découpez en 16 parts. Ce pain accompagne à merveille le chowder de poisson (page 48). À consommer de préférence le jour même.

Pour un pain au lard fumé et au maïs, ajoutez 200 g de maïs en conserve égoutté et 6 tranches de lard fumé hachées et grillées aux ingrédients secs, puis poursuivez comme ci-dessus.

cake à la feta et aux herbes

Pour **1 pain de 900 g**
Préparation **10 minutes**
+ levée
Cuisson **45 minutes**

huile végétale pour le moule
200 g de **polenta**
100 g de **farine de riz**
50 g de **lait en poudre**
1 pincée de **sel**
100 g de **levure de boulangerie**
2 c. à c. de **sucre**
2 c. à c. de **gomme xanthane**
3 **œufs** battus
2 c. à s. d'**herbes fraîches** hachées
450 ml d'**eau** tiède
100 g de **feta** émiettée

Huilez et chemisez de papier sulfurisé un moule à cake d'une contenance de 900 g.

Tamisez la polenta, la farine de riz, le lait en poudre et le sel au-dessus d'un saladier et mélangez bien. Incorporez la levure, le sucre et la gomme xanthane.

Mélangez les œufs, les herbes et l'eau dans un autre saladier puis incorporez-les aux ingrédients secs jusqu'à obtenir une préparation lisse. Mélangez pendant 5 minutes, puis incorporez la feta.

Versez le mélange dans le moule, couvrez d'un torchon propre humide et laissez lever dans un endroit chaud pendant environ 30 minutes, jusqu'à ce que la pâte atteigne le haut du moule.

Mettez au four préchauffé à 180 °C pour 45 minutes, jusqu'à ce que le cake soit doré et sonne creux lorsque vous tapez sur le dessous. Sortez du four et laissez refroidir sur une grille.

Pour un cake au pesto et au parmesan, suivez la recette ci-dessus en remplaçant la feta par 2 cuillerées à soupe de parmesan râpé. Incorporez 2 cuillerées à soupe de pesto au mélange d'œufs avant de les ajouter aux ingrédients secs. Suivez le reste de la recette.

pain aux graines et aux noisettes

Pour **8 parts**
Préparation **10 minutes**
Cuisson **25 minutes**

400 g de **farine de riz brun** + un peu pour le plan de travail
25 g de **son de riz**
2 c. à s. de **lait écrémé en poudre**
½ c. à c. de **bicarbonate de soude**
1 c. à c. de **poudre à lever sans gluten**
½ à 1 c. à c. de **sel**
1 c. à c. de **gomme xanthane**
1 pincée de **sucre**
50 g d'un mélange de **graines de tournesol et de courge**
50 g de **noisettes** torréfiées et grossièrement hachées
1 **œuf** légèrement battu
300 ml de **lait ribot**

Mélangez tous les ingrédients secs, y compris les noisettes, dans un saladier. Dans un autre saladier, mélangez l'œuf et le lait ribot, puis incorporez-les aux ingrédients secs pour obtenir une pâte souple.

Versez la pâte sur un plan de travail fariné et formez un disque d'environ 20 cm de diamètre. Marquez 8 parts, placez sur une feuille de papier sulfurisé et saupoudrez de farine de riz.

Mettez au four préchauffé à la plus haute température pour 10 minutes, puis baissez la température à 200 °C et faites cuire encore 15 minutes, jusqu'à ce que le pain soit doré et sonne creux lorsque vous tapotez le dessous. Sortez du four et laissez refroidir sur une grille.

Pour un pain aux graines et aux fruits, préparez la pâte comme ci-dessus, en ajoutant 100 g de figues séchées hachées et 6 abricots secs hachés aux ingrédients secs. Façonnez la pâte en un disque et faites cuire le pain comme ci-dessus, puis dorez-le avec 1 cuillerée à soupe de miel liquide.

cake parmesan, olives, tomate

Pour **1 pain de 900 g**
Préparation **10 minutes**
+ levée
Cuisson **45 minutes**

huile végétale
pour le moule
200 g de **polenta**
100 g de **farine de riz**
50 g de **lait en poudre**
1 pincée de **sel**
100 g de **levure de boulangerie**
2 c. à c. de **sucre**
2 c. à c. de **gomme xanthane**
3 **œufs** battus
2 c. à s. de **concentré de tomate**
450 ml d'**eau** tiède
50 g de **parmesan**
50 g d'**olives noires** dénoyautées hachées
2 c. à c. d'**origan** haché

Huilez et chemisez de papier sulfurisé un moule à cake d'une contenance de 900 g.

Tamisez la polenta, la farine de riz, le lait en poudre et le sel au-dessus d'un saladier et mélangez bien. Incorporez la levure, le sucre et la gomme xanthane. Dans un autre saladier, mélangez les œufs, le concentré de tomate et l'eau, puis incorporez-les aux ingrédients secs pour obtenir une préparation lisse. Mélangez pendant 5 minutes, puis ajoutez les ingrédients restants.

Versez le mélange dans le moule, couvrez d'un torchon propre humide et laissez reposer dans un endroit chaud pendant environ 30 minutes, jusqu'à ce que la pâte atteigne le haut du moule.

Mettez au four préchauffé à 180 °C pour 45 minutes, jusqu'à ce que le cake soit doré et sonne creux. Sortez du four et laissez refroidir sur une grille.

Pour un cake à la pomme et aux noix, préparez la pâte comme ci-dessus, en ôtant le concentré de tomate et en remplaçant le parmesan, les olives et l'origan par 1 grosse pomme épluchée et râpée et 125 g de noix hachées. Laissez lever et faites cuire comme ci-dessus.

scones de pomme de terre au thym

Pour **6 scones**
Préparation **10 minutes**
Cuisson **15 minutes**

250 g de **pommes de terre** épluchées et coupées en dés de 1,5 cm de côté
25 g de **beurre** + un peu pour la cuisson
50 g de **farine de riz** + un peu pour le plan de travail
1 c. à c. de **poudre à lever sans gluten**
1 c. à c. de **thym** haché + un peu pour servir (facultatif)
2 c. à s. de **lait ribot**
1 **œuf** battu
huile végétale
sel

Faites cuire les pommes de terre dans une casserole d'eau bouillante salée pendant 10 minutes. Égouttez-les.

Mettez les pommes de terre et le beurre dans un saladier et réduisez-les en purée lisse et incorporez les ingrédients restants, en ajoutant 1 pincée de sel. Mélangez bien puis formez une boule.

Placez la pâte sur un plan de travail fariné et façonnez un disque d'environ 5 mm d'épaisseur, puis découpez 6 triangles.

Huilez une plancha ou une poêle antiadhésive et ajoutez une noisette de beurre, puis faites cuire les scones pendant 2 à 3 minutes de chaque côté, jusqu'à ce qu'ils soient dorés. Servez tiède, avec du beurre et du fromage ; décorez de thym si vous le souhaitez.

Pour des scones de pomme de terre au fromage, à l'ail et à la ciboulette, mélangez 75 g de comté râpé avec la préparation de pommes de terre, en ajoutant 1 gousse d'ail écrasée et 1 cuillerée à café de ciboulette émincée à la place du thym. Formez 6 disques d'environ 5 mm d'épaisseur et faites cuire comme ci-dessus.

muffins au maïs et au lard fumé

Pour **12 muffins**
Préparation **10 minutes**
Cuisson **20 à 25 minutes**

6 tranches de **lard fumé** finement hachées
1 petit **oignon rouge** émincé
175 g de **farine de maïs fine**
125 g de **farine sans gluten**
2 c. à c. de **poudre à lever sans gluten**
200 g de **maïs doux** en conserve
50 g de **gruyère** ou de **cheddar** râpé
200 ml de **lait**
2 **œufs** battus
3 c. à s. d'**huile végétale** + un peu pour le moule

Huilez un moule à muffins de 12 alvéoles. Faites chauffer une poêle puis faites revenir le lard et l'oignon 3 à 4 minutes, jusqu'à ce que le lard soit croustillant.

Mélangez les farines et la poudre à lever dans un saladier puis incorporez le maïs, le fromage, le lard et l'oignon. Dans un autre saladier, mélangez le lait, les œufs et l'huile, puis incorporez-les aux ingrédients secs en remuant délicatement.

Répartissez la préparation dans les alvéoles huilées et mettez au four préchauffé à 220 °C pour 15 à 20 minutes, jusqu'à ce que les muffins soient dorés et fermes. Sortez du four et démoulez sur une grille.

Pour des muffins au fromage et au maïs, ôtez le lard de la recette et faites revenir 1 oignon dans 1 cuillerée à soupe d'huile d'olive. Reprenez la recette en ajoutant aux ingrédients secs 25 g de gruyère ou de cheddar et 1 cuillerée à café de paprika fumé, puis assaisonnez. Faites cuire comme ci-dessus.

pizza roulée

Pour **8 parts**
Préparation **25 minutes**
+ levée
Cuisson **12 à 15 minutes**

2 sachets de 7 g de **levure de boulangerie**
1 c. à c. de **sucre**
250 ml de **lait** tiède
175 g de **farine de riz** + un peu pour le plan de travail
125 g de **farine de pomme de terre**
1 c. à c. de **poudre à lever sans gluten**
1 c. à c. de **gomme xanthane**
1 pincée de **sel**
1 c. à c. d'**huile de tournesol** + un peu pour le plat
1 **œuf** battu

Garniture
4 c. à s. de **passata**
200 g de **mozzarella** et de **cheddar** râpés
75 g de **jambon** finement tranché et émincé
1 poignée de **basilic** haché

Mélangez la levure, le sucre et le lait dans un saladier, et laissez reposer 10 minutes. Mélangez les farines, la poudre à lever, la gomme xanthane et le sel dans un grand saladier. Dans un autre saladier, mélangez l'huile et l'œuf, incorporez la levure et ajoutez le tout aux ingrédients secs. Mélangez bien pour obtenir une pâte souple.

Déposez la pâte sur un plan de travail fariné et travaillez-la 5 minutes, en ajoutant de la farine de riz si la pâte devient collante. Placez-la dans un saladier légèrement huilé, couvrez d'un torchon propre humide et laissez lever dans un endroit chaud pendant 40 minutes.

Étalez la pâte sur plan de travail fariné en un rectangle de 30 x 25 cm, recouvrez de passata puis déposez les ingrédients restants de la garniture. Roulez la pizza d'un bord à l'autre, puis coupez-la en 8 tranches.

Placez les rouleaux de pizza côte à côte dans un plat à gratin huilé. Mettez au four préchauffé à 220 °C pour 12 à 15 minutes. Servez tiède.

Pour une pizza roulée aux olives et aux artichauts, préparez la pâte comme ci-dessus. Étalez dessus 2 cuillerées à soupe de tapenade ou de concentré de tomate. Parsemez 6 cœurs d'artichaut en conserve égouttés et émincés, 150 g de mozzarella grossièrement hachée et 6 tomates séchées égouttées et coupées en morceaux. Roulez et faites cuire comme ci-dessus.

cake aux fruits et aux graines

Pour **1 pain de 500 g**
Préparation **10 minutes**
+ levée
Cuisson **20 à 25 minutes**

150 g de **farine de pois chiche**
150 g de **farine sans gluten**
2 c. à c. de **levure de boulangerie**
1 c. à c. de **sel**
1 c. à c. de **sucre**
1 c. à s. de **graines noires d'oignon**
1 c. à s. de **graines de cumin**
2 c. à c. de **coriandre moulue**
¼ de c. à c. de **flocons de piment séché**
50 g de **mangue** ou de **poire séchée** hachée
2 c. à s. d'**huile d'arachide** + un peu pour le moule
200 ml d'**eau** tiède

Huilez un moule à cake d'une contenance de 500 g.

Dans un saladier, mélangez les farines, la levure, le sel, le sucre, les épices, les flocons de piment et les fruits secs. Mélangez dans un autre saladier l'huile et l'eau, et ajoutez aux ingrédients secs pour obtenir une pâte épaisse.

Déposez la préparation dans le moule, couvrez d'un torchon propre humide et laissez reposer 45 minutes dans un endroit chaud, jusqu'à ce que la pâte dépasse légèrement la hauteur du moule.

Mettez au four préchauffé à 200 °C pour 20 à 25 minutes, jusqu'à ce que le cake soit ferme. Sortez du four et laissez refroidir sur une grille. Coupez en tranches et tartinez de beurre si vous le souhaitez.

Pour un cake grillé aux myrtilles et aux prunes, faites chauffer 25 g de beurre dans une casserole antiadhésive, puis faites revenir à feu doux 4 prunes coupées en deux et dénoyautées, jusqu'à ce qu'elles soient légèrement molles. Ajoutez 125 g de myrtilles et 1 cuillerée à soupe de sucre, et faites cuire encore 1 à 2 minutes, jusqu'à ce que le sucre soit dissous et que les myrtilles commencent à rendre leur jus. Pendant ce temps, faites griller 4 tranches de cake aux fruits et aux graines, puis beurrez-les légèrement. Déposez les fruits sur les toasts.

desserts

gâteau meringué aux noisettes

Pour **8 parts**
Préparation **10 minutes**
+ refroidissement
Cuisson **45 minutes**

4 **blancs d'œufs**
250 g de **sucre**
1 c. à c. de **vinaigre de vin blanc**
100 g de **noisettes** émondées, torréfiées et grossièrement hachées
200 ml de **crème fraîche épaisse**
275 g de **framboises**
cacao en poudre pour saupoudrer

Tapissez 3 feuilles à pâtisserie de papier sulfurisé.

Dans un saladier, montez les blancs d'œufs en neige ferme. Ajoutez le sucre cuillerée par cuillerée et continuez de fouetter jusqu'à obtention d'une meringue épaisse et brillante. Incorporez le vinaigre à l'aide d'une cuillère à soupe. Ajoutez la moitié des noisettes, puis répartissez la meringue sur les feuilles à pâtisserie en formant 3 disques de 18 cm de diamètre.

Mettez au four préchauffé à 150 °C pour 45 minutes, puis éteignez le four et laissez refroidir la meringue.

Dans un bol, fouettez la crème jusqu'à ce qu'elle forme des pics, puis étalez-la sur 2 disques de meringue, en ajoutant les framboises et le reste des noisettes. Gardez quelques framboises pour la décoration.

Superposez les disques de meringue sans recouvrir de crème le dernier, saupoudrez de cacao et décorez avec les framboises restantes. Servez le jour même ou conservez 2 jours au réfrigérateur.

Pour une meringue à la banane, au chocolat et au caramel, incorporez 2 bananes à la crème fouettée, ainsi que 100 g de chocolat noir râpé et 100 g de caramels mous coupés en morceaux. Superposez les couches de meringue et de crème comme ci-dessus, et décorez de chocolat noir sans gluten râpé ou en copeaux.

crumble pomme, poire, cannelle

Pour **4 personnes**
Préparation **10 minutes**
Cuisson **30 à 35 minutes**

750 g de **poires** épluchées et émincées
500 g de **pommes à cuire** épluchées et émincées
2 c. à s. de **sucre de canne blond**
1 c. à c. de **cannelle moulue**
4 c. à s. de **jus de pomme**

Pâte à crumble
200 g de **farine de riz**
100 g de **beurre** coupé en dés
100 g de **sucre de canne blond**
25 g d'**amandes** effilées
25 g de **noisettes** émondées et grossièrement hachées

Dans une grande casserole, déposez les poires, les pommes, le sucre, la cannelle et le jus de pomme. Couvrez et faites cuire à feu doux 10 minutes, en remuant de temps en temps, jusqu'à ce que les fruits soient tendres. Répartissez-les dans un plat à gratin.

Préparez la pâte. Dans un robot, mélangez la farine et le beurre jusqu'à obtention d'une fine chapelure. Vous pouvez aussi travailler la farine et le beurre avec vos doigts. Incorporez le sucre, les amandes et les noisettes, puis répartissez le mélange sur les fruits en appuyant délicatement.

Mettez au four préchauffé à 200 °C pour 20 à 25 minutes, jusqu'à ce que le crumble soit doré et fasse de légères bulles. Servez avec de la crème fraîche ou de la crème fouettée.

Pour un crumble à la rhubarbe et au gingembre, coupez 1 kg de rhubarbe en morceaux et mettez-les dans un plat à four, avec 2 cuillerées à soupe d'eau et 6 cuillerées à soupe de sucre. Mettez au four préchauffé à 200 °C pour 15 minutes, puis ajoutez 1 cuillerée à café de gingembre moulu. Préparez la pâte à crumble comme ci-dessus, en ajoutant 100 g de massepain finement haché. Répartissez sur la rhubarbe et faites cuire comme ci-dessus.

cheese-cake citronné

Pour **6 parts**
Préparation **10 minutes**
+ réfrigération

125 g de **biscuits sans gluten** réduits en miettes
50 g de **beurre** fondu
250 g de **mascarpone**
le **zeste** et le **jus** de 2 **citrons**
150 ml de **crème fraîche**
100 g de **sucre glace** tamisé

Décoration
myrtilles et **framboises**
zeste de citron

Dans un saladier, mélangez les biscuits émiettés et le beurre fondu, puis pressez ce mélange au fond et sur les côtés d'un moule à gâteau de 20 cm de diamètre à fond amovible. Mettez au frais jusqu'à ce que la base soit ferme.

Mélangez le mascarpone, le zeste et le jus de citron, la crème et le sucre glace dans un grand saladier jusqu'à obtention d'un mélange épais, puis répartissez sur la base biscuitée. Placez au réfrigérateur pour 30 minutes, jusqu'à ce que la crème soit ferme.

Décorez avec des myrtilles, des framboises et du zeste de citron, puis servez.

Pour un cheese-cake au citron et aux framboises, préparez la base biscuitée et la crème au mascarpone. Mixez 200 g de framboises et 1 cuillerée à soupe de sucre, puis incorporez-les délicatement au mélange de mascarpone. Répartissez sur la base biscuitée et conservez au réfrigérateur jusqu'à ce que la crème soit ferme. Décorez avec quelques framboises puis servez.

profiteroles au chocolat

Pour **20 profiteroles**
Préparation **10 minutes**
Cuisson **30 minutes**

150 ml d'**eau**
50 g de **beurre**
+ un peu pour la cuisson
60 g de **farine de riz**
1 c. à c. de **poudre à lever sans gluten**
½ c. à c. de **bicarbonate de soude**
1 c. à c. de **sucre**
2 **œufs** battus

Sauce au chocolat
200 g de **chocolat noir sans gluten** coupé en gros morceaux
100 ml de **crème fraîche**

Garniture
200 ml de **crème fraîche**
1 c. à s. de **sucre glace**

Dans une casserole, faites bouillir l'eau avec le beurre. Tamisez la farine de riz, la poudre à lever, le bicarbonate de soude et le sucre au-dessus d'un bol, puis ajoutez-les rapidement dans la casserole et mélangez avec un mixeur plongeant. Incorporez progressivement les œufs, puis transférez l'appareil dans une poche à douille avec un empbout simple et déposez de petits tas de pâte sur 2 feuilles de cuisson légèrement graissées.

Mettez au four préchauffé à 200 °C pour 10 minutes, puis augmentez la température à 220 °C et prolongez la cuisson de 12 à 15 minutes, jusqu'à ce que les choux soient dorés. Sortez du four, percez un trou sur le côté de chaque chou et laissez refroidir sur une grille.

Préparez la sauce au chocolat. Faites fondre au bain-marie le chocolat et la crème. Mélangez et laissez refroidir.

Battez la crème avec le sucre glace jusqu'à ce qu'elle forme des pics, puis garnissez-en chaque chou. Superposez les choux sur une assiette puis recouvrez de sauce au chocolat.

Pour des profiteroles au café, préparez les choux puis laissez-les refroidir. Mélangez 2 cuillerées à café de café soluble avec 2 cuillerées à café d'eau bouillante. Laissez refroidir. Incorporez le café à 100 g de mascarpone, 100 g de crème fouettée et 1 cuillerée à soupe de sucre. Garnissez-en les choux.

banoffee pies faciles

Pour **4 personnes**
Préparation **5 minutes**

6 **biscuits au chocolat sans gluten** grossièrement émiettés
400 g de **caramel liquide sans gluten**
2 **bananes** coupées en tranches
150 ml de **crème fraîche épaisse**
50 g de **chocolat noir sans gluten** en copeaux ou râpé

Répartissez les biscuits émiettés dans 4 verres hauts.

Répartissez le caramel sur les biscuits, puis disposez les tranches de banane. Terminez par la crème et décorez de chocolat. Servez sans attendre.

Pour des glaces au caramel, déposez 2 boules de glace à la vanille sans gluten dans chaque verre. Mélangez 100 g de chocolat au lait sans gluten fondu et 200 g de caramel liquide dans un bol. Versez ce mélange sur la glace, puis ajoutez 1 poignée de noisettes torréfiées hachées et 1 banane coupée en tranches. Servez sans attendre.

verrines meringue-fruits rouges

Pour **6 personnes**
Préparation **10 minutes**
+ refroidissement
Cuisson **1 heure**

3 **blancs d'œufs**
250 g de **sucre**
1 c. à c. de **vinaigre de vin blanc**
300 ml de **crème fraîche**
200 g de **framboises** + quelques-unes entières pour la décoration
200 g de **fraises** équeutées coupées en quartiers + quelques-unes entières pour la décoration
2 c. à s. de **sucre glace**
2 c. à s. de **liqueur crémeuse**

Tapissez des feuilles à pâtisserie de papier sulfurisé.

Montez les blancs d'œufs en neige ferme. Incorporez le sucre cuillerée par cuillerée, jusqu'à obtention d'une meringue épaisse et brillante. Incorporez le vinaigre avec une cuillère à soupe.

À la cuillère ou à la poche à douille, dressez 12 meringues sur les feuilles de papier sulfurisé. Mettez au four préchauffé à 150 °C pour 1 heure, puis éteignez le four et laissez refroidir complètement. Lorsque les meringues sont froides, brisez-les grossièrement.

Fouettez la crème jusqu'à ce qu'elle forme des pics. Hachez grossièrement les framboises et les fraises, puis incorporez-les à la crème. Mélangez les meringues, le sucre glace et la liqueur. Répartissez le tout dans 6 verrines, décorez avec les fruits restants et servez sans attendre.

Pour des verrines à la mangue et aux fruits de la passion, préparez les meringues et brisez-les grossièrement. Fouettez la crème avec 2 cuillerées à soupe de sucre glace jusqu'à ce qu'elle forme des pics. Pelez et dénoyautez 1 grosse mangue, puis mixez la moitié de sa chair. Hachez le reste de la mangue et incorporez le tout à la crème, en ajoutant la chair de 2 fruits de la passion. Incorporez les meringues puis servez sans attendre.

moelleux dattes-caramel

Pour **8 parts**
Préparation **10 minutes**
+ repos
Cuisson **25 à 30 minutes**

125 g de **dattes séchées** dénoyautées et hachées
200 ml d'**eau** bouillante
1 c. à c. de **bicarbonate de soude**
50 g de **beurre** ramolli + un peu pour le moule
50 g de **sucre de canne blond**
2 **œufs** battus
125 g de **farine de riz**
1 c. à c. de **poudre à lever sans gluten**

Sauce au caramel
200 g de **beurre**
300 g de **sucre clair non raffiné**
200 ml de **crème fraîche épaisse** à plus de 45 % de matières grasses

Pour servir
crème fraîche épaisse
1 poignée de **noix de pécan** hachées

Mettez les dattes dans un récipient résistant à la chaleur, versez l'eau bouillante et ajoutez le bicarbonate de soude. Laissez reposer 10 minutes.

Beurrez et chemisez de papier sulfurisé un moule carré de 20 cm de côté.

Mélangez dans un récipient le beurre, le sucre, les œufs, la farine de riz, la poudre à lever et les dattes avec leur eau de trempage. Versez le tout dans le moule et mettez au four préchauffé à 180 °C pour 25 à 30 minutes.

Faites chauffer les ingrédients de la sauce au caramel dans une casserole, jusqu'à ce que le sucre ait fondu. Découpez le gâteau en 8 parts et servez tiède sur des assiettes, en ajoutant un peu de crème épaisse, la sauce au caramel et les noix de pécan.

Pour un cake au gingembre, suivez la recette ci-dessus en incorporant 1 ½ cuillerée à café de gingembre moulu. Versez dans un moule à cake d'une contenance de 900 g beurré et chemisé de papier sulfurisé, et faites cuire au four comme ci-dessus. Dans une petite casserole, faites fondre 25 g de beurre, 4 cuillerées à soupe de sucre de canne bond et 2 cuillerées à soupe de crème fraîche ; quand le sucre a fondu, faites bouillir 3 minutes. Laissez refroidir le cake, démoulez, retirez le papier sulfurisé et déposez-le sur un plat de service. Recouvrez de sauce, répartissez 1 poignée de noix hachées puis servez.

poires au massepain au four

Pour **4 personnes**
Préparation **10 minutes**
Cuisson **25 à 30 minutes**

4 **poires** épluchées entières
le **jus** de ½ **citron**
50 g de **massepain** râpé ou émincé
1 c. à s. de **raisins sultanine**
4 c. à s. de **jus de pomme**
2 c. à s. de **miel liquide**
2 c. à s. d'**amandes** effilées torréfiées

Retirez le cœur des poires à partir de leur base, en laissant la tige, et arrosez-les de jus de citron. Mélangez le massepain et les raisins sultanine dans un bol, puis répartissez ce mélange dans la cavité des poires. Déposez les poires farcies dans un petit plat à four.

Versez le jus de pomme et le miel sur les poires, puis mettez au four préchauffé à 180 °C pour 25 à 30 minutes.

Sortez du four et parsemez d'amandes. Servez avec de la crème fouettée ou de la crème anglaise.

Pour des poires farcies aux amarettis, préparez les poires comme ci-dessus. Mixez 4 abricots dénoyautés hachés, 4 amarettis hachés, le jus de ½ orange et 1 cuillerée à soupe de miel liquide ou de sirop d'érable. Remplissez la cavité des poires de ce mélange. Déposez-les dans un petit plat à four et faites cuire jusqu'à ce qu'elles soient tendres.

tartelettes aux noix de pécan

Pour **8 tartelettes**
Préparation **15 minutes**
+ réfrigération
Cuisson **20 à 25 minutes**

75 g de **farine de riz brun** + un peu pour le plan de travail
50 g de **farine de pois chiche**
75 g de **polenta**
1 c. à c. de **gomme xanthane**
125 g de **beurre** coupé en dés + un peu pour les moules
2 c. à s. de **sucre**
1 **œuf** battu

Garniture
100 g de **sucre clair non raffiné**
150 g de **beurre**
125 g de **miel**
175 g de **noix de pécan** grossièrement hachées + cerneaux de noix de pécan pour décorer
2 **œufs** battus

Beurrez et chemisez de papier sulfurisé 8 moules à tartelettes de 11,5 cm de diamètre. Mixez les farines, la polenta, la gomme xanthane et le beurre jusqu'à obtenir une chapelure fine. Incorporez le sucre. Ajoutez l'œuf et suffisamment d'eau froide pour obtenir une pâte. Travaillez-la quelques minutes, puis enveloppez-la dans du film alimentaire et placez-la au réfrigérateur pour 1 heure.

Dans une casserole, faites chauffer le sucre, le beurre et le miel jusqu'à ce que le sucre fonde. Laissez refroidir 10 minutes.

Travaillez la pâte sur un plan de travail fariné pour l'assouplir. Divisez-la en huit, puis étalez chaque morceau en un disque de 2,5 mm d'épaisseur dont vous tapisserez les moules. Incorporez les noix de pécan hachées et les œufs à la garniture, puis répartissez-la dans les moules. Disposez des cerneaux de noix de pécan sur le dessus.

Mettez au four préchauffé à 200 °C pour 15 à 20 minutes. Laissez refroidir dans les moules.

Pour une glace à la vanille maison à servir en accompagnement, fouettez 300 ml de crème épaisse avec 2 cuillerées à soupe de sucre. Incorporez 400 g de crème anglaise toute prête et 1 cuillerée à café d'extrait de vanille. Versez le tout dans un récipient adapté au congélateur et laissez reposer 2 heures, puis remuez à l'aide d'une fourchette. Remettez au congélateur pour 6 heures au minimum.

gâteau roulé chocolat-marrons

Pour **8 personnes**
Préparation **15 minutes**
Cuisson **20 minutes**

beurre pour le moule
6 **œufs**, blancs et jaunes séparés
125 g de **sucre**
2 c. à s. de **cacao en poudre**
sucre glace pour décorer

Garniture
150 ml de **crème fraîche**
100 g de **purée de marrons** ou de **crème de marrons**

Beurrez et chemisez une plaque à biscuit roulé de 29 x 18 cm.

Montez les blancs d'œufs en neige ferme. Battez les jaunes d'œufs et le sucre jusqu'à obtention d'une crème épaisse et claire. Incorporez le cacao en poudre et les blancs en neige à cette crème.

Versez la préparation dans le moule et mettez au four préchauffé à 180 °C pour 20 minutes. Sortez du four et laissez refroidir dans le moule.

Une fois refroidie, retournez la génoise sur une feuille de papier sulfurisé et saupoudrez de sucre glace. Fouettez la crème dans un grand bol. Incorporez la purée ou la crème de marrons, puis étalez la garniture sur la génoise.

En vous aidant du papier sulfurisé, roulez délicatement le gâteau d'une extrémité à l'autre et déposez-le sur le plat de service. (Ne vous inquiétez pas s'il se fendille, cela n'aura pas de conséquences sur l'apparence ou le goût du gâteau.) Saupoudrez de sucre glace. Conservez au réfrigérateur et dégustez le jour même.

Pour un roulé au chocolat et aux cerises noires, préparez la génoise comme ci-dessus. Pour la garniture, remplacez la purée ou la crème de marrons par 400 g de cerises noires en conserve égouttées. Répartissez la garniture sur la génoise, roulez et saupoudrez de sucre glace.

Christmas pudding

Pour **6 à 8 personnes**
Préparation **20 minutes**
+ 24 heures de repos
Cuisson **8 heures**

150 g de **suet (graisse de bœuf) sans gluten**
2 c. à s. de **farine de riz**
200 g de **chapelure fraîche sans gluten**
200 g de **sucre de canne complet**
500 g de **raisins sultanine blancs** et de **raisins secs**
100 g d'**abricots secs** hachés
2 c. à s. de **mélange d'épices**
1 **pomme** râpée
2 gros **œufs**
4 c. à s. de **cognac**
4 c. à s. de **jus de pomme**
le **zeste** de 1 **orange**
crème épaisse pour servir

Mélangez tous les ingrédients dans un saladier, couvrez et laissez reposer 24 heures.

Versez le mélange dans un moule à pudding (ou un saladier en verre ou en porcelaine) d'une contenance de 1,2 litre tapissé de papier sulfurisé, puis d'un linge maintenu par un élastique ; couvrez de papier d'aluminium.

Faites cuire au bain-marie pendant 6 heures, en maintenant le niveau d'eau à mi-hauteur du moule (ajoutez de l'eau régulièrement). Lorsque le pudding est cuit, emballez-le de nouveau dans du papier sulfurisé et du papier d'aluminium. Conservez dans un endroit frais jusqu'à Noël.

Lorsque vous êtes prêt à servir, faites cuire le pudding au bain-marie pendant encore 2 heures, comme ci-dessus. Servez chaud, avec de la crème épaisse.

Pour de la glace au Christmas pudding, fouettez 300 ml de crème fraîche. Incorporez 400 g de crème anglaise sans gluten toute prête, 200 g de Christmas pudding émietté et 2 cuillerées à soupe de cognac. Transférez dans un récipient allant au congélateur et congelez la crème pendant 2 heures, puis remuez avec une fourchette. Remettez au congélateur pour au moins 6 heures, puis servez.

à l'heure du thé

cookies aux pépites de chocolat

Pour **30 cookies**
Préparation **10 minutes**
Cuisson **10 minutes**

75 g de **beurre** ramolli + un peu pour les feuilles à pâtisserie
100 g de **sucre**
75 g de **sucre de canne blond**
1 **œuf** battu
150 g de **farine de riz brun** + un peu pour le plan de travail
½ c. à c. de **bicarbonate de soude**
1 c. à s. de **cacao en poudre**
75 g de **pépites de chocolat noir sans gluten**

Graissez 3 feuilles à pâtisserie.

Mettez tous les ingrédients dans le bol d'un robot, à l'exception des pépites de chocolat, et mélangez jusqu'à obtention d'une préparation lisse. Vous pouvez aussi mélanger les ingrédients au fouet dans un grand saladier. Incorporez les pépites de chocolat, puis rassemblez la pâte pour former une boule.

Déposez la pâte sur un plan de travail fariné et façonnez 30 boulettes. Mettez-les sur les feuilles à pâtisserie en les espaçant bien et pressez-les délicatement avec le dos d'une fourchette.

Mettez au four préchauffé à 180 °C pour 8 à 10 minutes. Sortez du four, laissez durcir quelques minutes sur la feuille puis laissez refroidir sur une grille.

Pour des cookies croustillants au gingembre, préparez la pâte comme ci-dessus, en remplaçant le cacao en poudre et les pépites de chocolat par 2 cuillerées à café de gingembre moulu. Suivez la recette en parsemant les cookies de cassonade après les avoir pressés avec une fourchette. Faites cuire au four comme ci-dessus.

cookies à l'orange et à la polenta

Pour **20 cookies**
Préparation **10 minutes**
+ réfrigération
Cuisson **8 minutes**

75 g de **polenta**
25 g de **farine de riz**
25 g de **poudre d'amande**
½ c. à c. de **poudre à lever sans gluten**
75 g de **sucre glace**
50 g de **beurre** coupé en dés
1 **jaune d'œuf** battu
le **zeste** de 1 **orange**
25 g d'**amandes** effilées

Chemisez de papier sulfurisé 2 feuilles à pâtisserie.

Mixez la polenta, la farine, la poudre d'amande, la poudre à lever, le sucre glace et le beurre jusqu'à obtention d'une fine chapelure. Ajoutez le jaune d'œuf et le zeste d'orange, et mélangez pour obtenir une pâte ferme. Enveloppez-la dans du film alimentaire et placez au réfrigérateur pour 30 minutes.

Étalez la pâte sur un plan de travail fariné et découpez 20 cookies avec un emporte-pièce de 4 cm de diamètre, en retravaillant les chutes de pâte si nécessaire. Déposez les cookies sur les feuilles de papier sulfurisé et parsemez d'amandes effilées.

Mettez au four préchauffé à 180 °C pour 8 minutes, jusqu'à ce que les cookies soient dorés. Sortez du four, laissez durcir quelques minutes sur le papier sulfurisé puis transférez sur une grille et laissez refroidir.

Pour des cookies à la noix de coco, préparez la pâte comme ci-dessus, en incorporant 50 g de noix de coco séchée et torréfiée. Ôtez le zeste d'orange de la recette et ajoutez un peu plus de jaune d'œuf si le mélange est trop sec. Façonnez un boudin avec la pâte, enveloppez-le dans du film alimentaire et placez au réfrigérateur pour 30 minutes. Coupez en fines tranches, déposez-les sur le papier sulfurisé et faites cuire au four comme ci-dessus.

sablés à l'orange

Pour **20 sablés**
Préparation **10 minutes**
Cuisson **10 minutes**

200 g de **farine de riz brun** + un peu pour le plan de travail
½ c. à c. de **gomme xanthane**
1 c. à c. de **poudre à lever sans gluten**
50 g de **beurre** en dés
50 g de **sucre de canne blond**
le **zeste** de 1 **orange**
1 **œuf** battu
2 c. à s. de **golden syrup**

Décoration
150 g de **sucre glace**
1 c. à s. d'**eau** bouillante
colorant alimentaire (facultatif)
bonbons sans gluten

Chemisez de papier sulfurisé 2 feuilles à pâtisserie.

Mixez la farine, la gomme xanthane, la poudre à lever et le beurre jusqu'à obtenir une fine chapelure. Incorporez ensuite le sucre et le zeste d'orange. Ajoutez l'œuf et le golden syrup, puis mélangez pour obtenir une pâte ferme.

Étalez la pâte, sur un plan de travail fariné, sur une épaisseur de 5 mm et découpez 20 biscuits avec un emporte-pièce, en retravaillant les chutes si nécessaire. Déposez les biscuits sur le papier sulfurisé.

Mettez au four préchauffé à 160 °C pour 10 minutes. Sortez du four, laissez durcir quelques minutes puis transférez sur une grille et laissez refroidir.

Mélangez le sucre glace et l'eau bouillante, incorporez du colorant alimentaire, puis recouvrez les biscuits de glaçage ou déposez-en de petites quantités. Décorez de bonbons et laissez durcir.

Pour des gâteaux de Noël, préparez la pâte comme ci-dessus, puis découpez des formes à l'aide d'emporte-pièce sur le thème de Noël. Déposez les biscuits sur le papier sulfurisé et réalisez des encoches dans la pâte, sans découper complètement les gâteaux. Hachez grossièrement des bonbons sans gluten de différentes couleurs et déposez-en quelques morceaux dans chaque encoche. Faites cuire comme ci-dessus. Saupoudrez les biscuits refroidis de sucre glace.

muffins aux cerises façon crumble

Pour **12 muffins**
Préparation **10 minutes**
Cuisson **20 minutes**

250 g de **farine de riz brun**
1 c. à c. de **bicarbonate de soude**
2 c. à c. de **poudre à lever sans gluten**
125 g de **sucre de canne blond**
300 g de **cerises noires** en conserve égouttées
75 g de **beurre** fondu
2 **œufs** battus
150 ml de **lait ribot**

Crumble
1 c. à s. de **poudre d'amande**
1 c. à s. de **sucre de canne blond**
1 c. à s. de **farine de riz brun**
15 g de **beurre**

Chemisez les 12 alvéoles d'un moule à muffins avec des caissettes en papier.

Tamisez la farine, le bicarbonate de soude et la poudre à lever au-dessus d'un saladier puis incorporez le sucre.

Mélangez les cerises, le beurre fondu, les œufs et le lait ribot dans un autre saladier, puis incorporez aux ingrédients secs, en mélangeant doucement. Répartissez la pâte dans les caissettes en papier.

Travaillez les ingrédients du crumble au mixeur jusqu'à obtenir une fine chapelure. Vous pouvez également mélanger la poudre d'amande, le sucre et la farine dans un bol. Ajoutez alors le beurre et travaillez avec vos doigts jusqu'à obtention d'une chapelure fine. Répartissez sur les muffins.

Mettez au four préchauffé à 180 °C pour 20 minutes, jusqu'à ce que les muffins soient dorés et fermes. Sortez du four, déposez sur une grille et laissez refroidir.

Pour des muffins à la banane et au caramel, préparez la pâte comme ci-dessus, en remplaçant les cerises par 2 petites bananes écrasées et 100 g de caramels mous hachés. Remplacez la pâte à crumble par 1 tranche de banane séchée et 1 petit morceau de caramel au sommet de chaque muffin, puis faites cuire au four comme ci-dessus.

cupcakes citron-framboises

Pour **12 cupcakes**
Préparation **10 minutes**
Cuisson **12 à 15 minutes**

150 g de **beurre**
150 g de **sucre**
75 g de **farine de riz**
75 g de **farine de maïs**
1 c. à s. de **poudre à lever sans gluten**
le **zeste** et le **jus** de 1 **citron**
3 **œufs** battus
125 g de **framboises**
1 c. à s. de **lemon curd sans gluten**

Chemisez les 12 alvéoles d'un moule à muffins avec des caissettes en papier.

Mélangez tous les ingrédients, à l'exception des framboises et du lemon curd. Incorporez ensuite les framboises.

Déposez la moitié de la pâte dans les moules à muffins, ajoutez une couche de lemon curd puis terminez par le reste de la pâte.

Mettez au four préchauffé à 200 °C pour 12 à 15 minutes, jusqu'à ce que les muffins soient dorés et fermes. Sortez du four, transférez sur une grille et laissez refroidir.

Pour des muffins aux agrumes, préparez la pâte comme ci-dessus, en incorporant le zeste de 1 orange. Ôtez les framboises et le lemon curd de la recette et faites cuire comme ci-dessus. Mélangez 150 g de sucre glace et 1 à 2 cuillerées à café de jus de citron dans un bol afin d'obtenir un glaçage épais, puis répartissez-le sur les muffins refroidis. Décorez de bonbons au citron et à l'orange sans gluten, si vous le souhaitez.

cupcakes à la lavande

Pour **12 cupcakes**
Préparation **10 minutes**
Cuisson **13 à 20 minutes**

1 c. à s. de **lait**
1 c. à c. de **fleurs de lavande** (seulement la tête des fleurs)
125 g de **sucre**
100 g de **beurre** ramolli
100 g de **farine de riz**
1 c. à s. de **farine de pois chiche**
2 **œufs** battus
2 c. à s. de **poudre d'amande**
1 c. à c. de **poudre à lever sans gluten**
1 c. à c. de **gomme xanthane**

Décoration
125 g de **sucre glace**
12 petites têtes de **lavande**

Chemisez les 12 alvéoles d'un moule à muffins avec des caissettes en papier.

Dans un ramequin, mélangez le lait et la lavande, couvrez de film alimentaire et faites chauffer au micro-ondes à puissance maximale pendant 10 secondes, ou mettez au four préchauffé à 180 °C pour 5 minutes. Sortez et laissez refroidir 10 minutes pour permettre aux arômes de se développer.

Mettez tous les ingrédients des cupcakes dans un robot, y compris le lait à la lavande, et mélangez jusqu'à obtenir une préparation lisse. Vous pouvez aussi mélanger les ingrédients au fouet dans un saladier.

Répartissez la pâte dans les caissettes et mettez au four préchauffé à 180 °C pour 12 à 15 minutes, jusqu'à ce que les cupcakes soient dorés et fermes. Sortez du four et laissez refroidir sur une grille.

Ajoutez quelques gouttes d'eau au sucre glace pour obtenir un glaçage épais. Déposez-en sur chaque cupcake et décorez avec 1 tête de lavande.

Pour des cupcakes à la lavande et à l'orange, incorporez le zeste de 1 orange au lait et à la lavande, puis reprenez la recette ci-dessus. Faites cuire et laissez refroidir les cupcakes, puis préparez le glaçage en remplaçant l'eau par un peu de jus d'orange. Déposez sur les cupcakes et décorez avec du zeste d'orange.

mini mince pies

Pour **24 bouchées**
Préparation **10 minutes**
+ réfrigération
Cuisson **15 à 20 minutes**

150 g de **farine de riz**
2 c. à s. de **polenta**
¼ de c. à c. de **cannelle moulue**
75 g de **beurre** coupé en dés
2 c. à s. de **sucre**
le **zeste** de 1 **orange**
1 **jaune d'œuf**
sucre glace pour saupoudrer

Garniture
400 g de **mincemeat sans gluten** (en épicerie britannique)
1 c. à s. de **cognac**
25 g d'**amandes** effilées grossièrement hachées + un peu pour décorer
25 g de **massepain** surgelé râpé

Mixez la farine de riz, la polenta, la cannelle et le beurre jusqu'à obtention d'une fine chapelure. Incorporez ensuite le sucre et le zeste d'orange. Ajoutez le jaune d'œuf et suffisamment d'eau froide pour obtenir une pâte. Enveloppez-la dans du film alimentaire et placez au réfrigérateur pour 30 minutes.

Étalez la pâte entre 2 feuilles de film alimentaire, sur une épaisseur de 5 mm, et découpez 24 disques avec un emporte-pièce de 6 cm de diamètre ; retravaillez les chutes de pâte si nécessaire. Foncez la pâte dans 2 moules à minimuffins de 12 alvéoles et comblez les vides avec les chutes de pâte.

Mélangez les ingrédients de la garniture dans un saladier, puis répartissez-la sur les fonds de minitarte et déposez dessus les éventuels restes de pâte. Mettez au four préchauffé à 180 °C pour 15 à 20 minutes.

Sortez du four et laissez refroidir quelques minutes dans le moule. Parsemez d'amandes effilées, puis servez tiède, avec un peu de sucre glace et du brandy cream si vous le souhaitez.

Pour des mince pies crémeuses, mélangez 2 cuillerées à soupe de fromage frais à tartiner et 1 cuillerée à soupe de cognac, puis déposez une petite quantité de ce mélange sur les fonds de tarte avant d'ajouter la garniture et les chutes de pâte. Faites cuire au four comme ci-dessus.

flapjacks à la mangue

Pour **12 flapjacks**
Préparation **10 minutes**
Cuisson **35 minutes**

100 g de **sucre de canne**
150 g de **beurre**
+ un peu pour le moule
2 c. à s. de **golden syrup**
200 g de **flocons de millet**
2 c. à s. de **graines de tournesol** et **de courge** mélangées
75 g de **mangue séchée** grossièrement hachée

Graissez un moule rectangulaire de 28 x 18 cm.

Dans une casserole à fond épais, faites chauffer le sucre, le beurre et le golden syrup jusqu'à ce que le sucre soit dissous, puis incorporez les ingrédients restants.

Versez l'appareil dans le moule, pressez légèrement et mettez au four préchauffé à 150 °C pour 30 minutes.

Sortez du four et prédécoupez 12 barres, puis laissez refroidir sur une grille avant de démouler et de découper.

Pour des barres aux myrtilles et aux noisettes, faites chauffer le sucre, le beurre et le golden syrup comme ci-dessus. Incorporez les flocons de millet, 125 g de myrtilles séchées et 125 g de noisettes torréfiées et hachées. Versez le mélange dans le moule et faites cuire comme ci-dessus.

carrés citron, pistaches, dattes

Pour **15 à 20 carrés**
Préparation **10 minutes**
+ refroidissement
Cuisson **20 minutes**

beurre pour le moule
le **zeste** de 1 **citron**
75 g de **dattes séchées** hachées
75 g de **pistaches** non salées hachées
75 g d'**amandes** effilées hachées
125 g de **sucre de canne blond**
150 g de **flocons de millet**
40 g de **corn flakes sans gluten** légèrement concassés
400 g de **lait concentré**
25 g de **graines de courge et de tournesol** mélangées

Beurrez un moule rectangulaire de 28 x 18 cm.

Mélangez tous les ingrédients dans un saladier et déposez le mélange dans le moule.

Mettez au four préchauffé à 180 °C pour 20 minutes.

Sortez du four et laissez refroidir dans le moule. Prédécoupez 15 à 20 carrés et laissez refroidir jusqu'à ce que la préparation soit ferme. Conservez dans un récipient hermétique et consommez dans les 3 à 5 jours.

Pour des carrés au chocolat, faites fondre dans 2 bains-marie distincts 75 g de chocolat blanc sans gluten et 75 g de chocolat noir sans gluten. Répartissez sur les carrés refroidis, puis laissez durcir.

shortbread chocolat-caramel

Pour **15 parts**
Préparation **20 minutes**
+ refroidissement
Cuisson **15 minutes**

100 g de **beurre** ramolli
+ un peu pour le moule
50 g de **sucre**
100 g de **farine de riz brun**
100 g de **farine de maïs**

Caramel
100 g de **beurre**
50 g de **sucre clair non raffiné**
400 g de **lait concentré**

Pour décorer
100 g de **chocolat blanc sans gluten**
100 g de **chocolat noir sans gluten**

Beurrez un moule rectangulaire de 28 x 18 cm.

Battez le beurre et le sucre dans un saladier jusqu'à obtention d'une crème légère, puis incorporez les farines et mélangez bien. Étalez la pâte dans le moule et faites cuire au four préchauffé à 200 °C pendant 10 à 12 minutes, jusqu'à ce que le biscuit soit doré.

Dans une casserole à fond épais, faites chauffer les ingrédients du caramel à feu doux jusqu'à ce que le sucre soit dissous, puis faites cuire 5 minutes sans cesser de remuer. Ôtez du feu et laissez refroidir un peu.

Sortez la base biscuitée du four puis recouvrez de caramel et laissez durcir.

Faites fondre séparément le chocolat blanc et le chocolat noir au bain-marie. Lorsque le caramel est ferme, recouvrez de chocolat, en alternant 1 cuillerée de chocolat blanc et 1 cuillerée de chocolat noir et en tapotant la surface pour que les deux se rejoignent. Utilisez ensuite un couteau pour réaliser des spirales.

Placez au réfrigérateur pour que le chocolat durcisse, puis découpez 15 shortbreads.

Pour un shortbread au chocolat blanc et à l'orange, préparez la base comme ci-dessus, en incorporant le zeste de 1 orange et 100 g de pépites de chocolat blanc sans gluten. Tapissez-en le moule et faites cuire comme ci-dessus. Laissez refroidir puis découpez en 15 parts.

shortbread pistaches-chocolat

Pour **12 parts**
Préparation **10 minutes**
Cuisson **20 minutes**

100 g de **beurre** ramolli
+ un peu pour le moule
50 g de **sucre**
100 g de **farine de riz**
100 g de **farine de maïs**
50 g de **pépites de chocolat noir sans gluten** ou de **chocolat noir sans gluten en tablette** haché
50 g de **pistaches** hachées
75 g de **chocolat noir sans gluten** fondu pour décorer

Beurrez un moule rectangulaire de 28 x 18 cm.

Dans un saladier, faites blanchir le beurre et le sucre jusqu'à obtention d'une crème légère. Incorporez les farines, les pépites de chocolat ou le chocolat haché et les pistaches, puis mélangez bien.

Pressez la pâte dans le moule et mettez au four préchauffé à 180 °C pour 20 minutes, jusqu'à ce que le gâteau soit doré.

Sortez du four et tracez 12 triangles dans la pâte, puis posez le moule sur une grille pour que le gâteau refroidisse complètement. Démoulez. (Il est parfois plus facile de démouler le shortbread s'il est un peu refroidi.) Décorez de chocolat fondu. Laissez durcir puis découpez des triangles.

Pour un shortbread aux noix de macadamia et au chocolat blanc, préparez la pâte comme ci-dessus, en remplaçant les pistaches et les pépites de chocolat noir par 50 g de noix de macadamia hachées et 50 g de chocolat blanc sans gluten haché. Suivez le reste de la recette.

tarte Bakewell

Pour **12 parts**
Préparation **20 minutes**
Cuisson **20 à 25 minutes**

75 g de **polenta**
75 g de **farine de riz brun**
½ c. à c. de **gomme xanthane**
100 g de **beurre** coupé en dés + un peu pour le moule
le **zeste** de 1 **citron**
1 c. à s. de **cassonade**
1 **jaune d'œuf** battu
4 c. à s. de **confiture de framboises**
50 g d'**amandes** effilées torréfiées

Garniture aux amandes
2 **œufs**
125 g de **sucre**
125 g de **farine de riz**
125 g de **beurre** ramolli
50 g de **poudre d'amande**
1 c. à c. de **poudre à lever sans gluten**

Beurrez un moule rectangulaire profond de 28 x 18 cm.

Mélangez la polenta, la farine de riz brun, la gomme xanthane, le beurre, le zeste de citron et la cassonade au mixeur, jusqu'à obtention d'une chapelure fine. Vous pouvez également mélanger la polenta, la farine et la gomme xanthane dans un saladier. Ajoutez ensuite le beurre et travaillez avec vos doigts jusqu'à obtention d'une fine chapelure. Incorporez le zeste de citron et la cassonade.

Ajoutez le jaune d'œuf et suffisamment d'eau froide pour obtenir une pâte. Pressez cette pâte dans le moule et recouvrez-la de confiture.

Mixez tous les ingrédients de la garniture dans un robot ou mélangez-les dans un saladier.

Recouvrez la confiture de ce mélange et faites cuire au four préchauffé à 200 °C pendant 20 à 25 minutes, jusqu'à ce que le gâteau soit ferme. Sortez du four et laissez refroidir dans le moule. Recouvrez d'amandes torréfiées et découpez 12 parts.

Pour une tarte moelleuse au chocolat, préparez le fond de tarte et étalez-le dans le moule. Percez-le avec une fourchette et faites cuire au four préchauffé pendant 10 minutes. Préparez la garniture comme ci-dessus, en ajoutant 25 g de cacao en poudre, le zeste de 1 orange et 2 cuillerées à soupe de lait. Versez cette garniture sur le fond de tarte et faites cuire au four.

brownie au chocolat et aux noix

Pour **15 parts**
Préparation **10 minutes**
Cuisson **30 minutes**

75 g de **chocolat noir sans gluten** grossièrement coupé
100 g de **beurre** + un peu pour le moule
200 g de **sucre clair non raffiné**
2 **œufs** battus
quelques gouttes d'**extrait de vanille**
50 g de **poudre d'amande**
25 g de **farine de riz brun**
150 g de mélange de **fruits à coque** torréfiés et grossièrement hachés
glace à la vanille pour servir

Beurrez et chemisez de papier sulfurisé un moule rectangulaire de 28 x 18 cm.

Faites fondre au bain-marie le chocolat et le beurre. Incorporez tous les ingrédients restants et mélangez bien.

Versez le mélange dans le moule et faites cuire au four préchauffé à 180 °C pendant 30 minutes ; le brownie doit être légèrement élastique à cœur.

Sortez du four et laissez refroidir 10 minutes dans le moule, puis découpez en 15 parts. Servez avec une grosse boule de glace à la vanille.

Pour un brownie au chocolat blanc et aux noix de macadamia, ôtez le chocolat noir de la recette et faites fondre le beurre dans une grande casserole. Incorporez 100 g de chocolat blanc sans gluten en gros morceaux ainsi que les ingrédients restants. Remplacez le mélange de fruits à coque par 150 g de noix de macadamia grossièrement hachées. Versez le tout dans le moule et faites cuire comme ci-dessus.

scones aux fraises

Pour **8 scones**
Préparation **10 minutes**
Cuisson **12 minutes**

175 g de **farine de riz** + un peu pour le plan de travail
75 g de **farine de pomme de terre**
1 c. à c. de **gomme xanthane**
1 c. à c. de **poudre à lever sans gluten**
1 c. à c. de **bicarbonate de soude**
75 g de **beurre** coupé en dés
40 g de **sucre**
1 gros **œuf** battu
3 c. à s. de **lait ribot** + un peu pour la dorure

Garniture
150 ml de **crème fraîche**
250 g de **fraises** équeutées et coupées grossièrement

Mixez les farines, la gomme xanthane, la poudre à lever, le bicarbonate de soude et le beurre jusqu'à obtenir une chapelure fine. Vous pouvez également mélanger dans un saladier les farines, la gomme xanthane, la poudre à lever et le bicarbonate de soude. Ajoutez alors le beurre et travaillez avec vos doigts. Incorporez le sucre.

Mélangez l'œuf et le lait ribot dans un bol, puis incorporez-les aux ingrédients secs et mélangez pour obtenir une pâte souple.

Déposez la pâte sur un plan de travail fariné, étalez-la sur une épaisseur de 2,5 cm et découpez 8 scones avec un emporte-pièce de 5 cm de diamètre. Retravaillez les chutes de pâte si nécessaire.

Déposez les scones sur une feuille de papier sulfurisé saupoudrée de farine de riz, dorez avec un peu de lait ribot et mettez au four préchauffé à 220 °C pour 12 minutes. Sortez du four et laissez refroidir sur une grille.

Fouettez la crème dans un saladier puis incorporez les fraises. Coupez les scones en deux dans l'épaisseur et garnissez-les de crème aux fraises.

Pour des scones aux raisins et à la cannelle, incorporez 100 g de raisins sultanine et ½ cuillerée à café de cannelle moulue aux ingrédients secs. Suivez la recette comme ci-dessus. Servez les scones tièdes, avec du beurre et de la confiture si vous le souhaitez.

gâteau de Noël

Pour **12 à 14 parts**
Préparation **20 minutes**
+ repos
Cuisson **4 heures à 4 h 30**

800 g de **raisins sultanine blonds et secs**
100 g d'**abricots secs** coupés en dés
100 g de **cerises confites** rincées et coupées en deux
le **zeste** de 2 **oranges**
150 ml de **cognac** + un peu pour la finition et la décoration
225 g de **beurre**
225 g de **sucre de canne complet**
1 c. à s. de **mélasse brune**
225 g de **farine de riz**
1 c. à c. de **mélange d'épices**
4 **œufs** battus
50 g d'**amandes** émondées hachées

Décoration
3 c. à s. de **confiture d'abricots**
50 g de chaque ingrédient suivant : **noix de pécan**, **amandes** émondées, **cerises confites** et **abricots secs**

Mélangez les fruits secs, les cerises confites et le zeste d'orange. Versez dessus le cognac, couvrez et laissez reposer 24 heures.

Beurrez et chemisez de papier sulfurisé un moule rond profond de 20 cm de diamètre. Chemisez l'extérieur du moule de manière que le papier dépasse de 5 cm.

Battez le beurre et le sucre dans un saladier. Incorporez la mélasse. Tamisez la farine de riz et les épices, puis incorporez au mélange précédent, en alternant avec un peu d'œuf. Ajoutez les fruits avec le cognac puis les amandes.

Mettez le mélange dans le moule. Couvrez de papier sulfurisé percé d'un petit trou au milieu. Mettez au four préchauffé à 140 °C pour 4 heures à 4 h 30. Sortez du four, retirez le papier sulfurisé et laissez refroidir sur une grille.

Imbibez le gâteau de cognac en perçant sa surface. Lorsqu'il est froid, démoulez-le, emballez-le dans du film alimentaire et conservez-le dans un récipient hermétique jusqu'à 2 mois. Imbibez-le 1 fois par semaine si nécessaire.

Versez la confiture et 1 cuillerée à soupe de cognac dans une petite casserole, et faites fondre à feu doux. Coupez en deux les abricots et les cerises, puis placez-les dans la casserole, avec les noix, pour les enrober de confiture. Répartissez sur le gâteau et laissez durcir.

gâteau coco et mangue

Pour **12 parts**
Préparation **10 minutes**
Cuisson **45 à 50 minutes**

100 g de **beurre** + un peu pour le moule
100 g de **sucre de canne blond**
4 **œufs**, blancs et jaunes séparés
400 ml de **lait ribot**
200 g de **polenta**
200 g de **farine de riz**
2 c. à c. de **poudre à lever sans gluten**
50 g de **poudre de lait de coco**
50 g de **noix de coco déshydratée**
1 **mangue** épluchée, dénoyautée et réduite en purée

Garniture
250 g de **mascarpone**
1 **mangue** épluchée, dénoyautée et finement hachée
2 c. à s. de **sucre glace**

Beurrez et chemisez de papier sulfurisé un moule à gâteau rond et profond de 23 cm de diamètre.

Battez le beurre et le sucre dans un saladier jusqu'à obtention d'une crème légère, puis incorporez les jaunes d'œufs, le lait ribot, la polenta, la farine de riz, la poudre à lever, la poudre de lait de coco et la noix de coco déshydratée.

Dans un saladier, montez les blancs d'œufs en neige puis incorporez-les à la pâte à gâteau, avec la purée de mangue.

Versez la pâte dans le moule et mettez au four préchauffé à 200 °C pour 45 à 50 minutes, jusqu'à ce que le gâteau soit doré et ferme. Sortez du four et laissez refroidir sur une grille.

Lorsqu'il est froid, coupez le gâteau en deux dans l'épaisseur. Mélangez les ingrédients de la garniture dans un saladier et garnissez-en l'espace entre les 2 disques du gâteau. Lissez le reste de la préparation sur la surface de celui-ci.

Pour un gâteau à la pêche, préparez la génoise comme ci-dessus, en remplaçant la purée de mangue par 3 oreillons de pêche en conserve réduits en purée. Pour la garniture, mélangez le mascarpone et le sucre glace avec 2 oreillons de pêche en conserve hachés. Garnissez-en le gâteau et lissez le reste sur la surface.

gâteau au chocolat et au rhum

Pour **16 parts**
Préparation **15 minutes**
Cuisson **20 à 25 minutes**

150 g de **chocolat noir sans gluten** grossièrement coupé
le **zeste** et le **jus** de 1 **orange**
quelques gouttes d'**essence de rhum** (facultatif)
150 g de **beurre doux** ramolli + un peu pour les moules
150 g de **sucre**
4 **œufs**, blancs et jaunes séparés
150 g de **poudre d'amande**

Glaçage au chocolat
150 g de **chocolat noir sans gluten** coupé en morceaux
100 g de **beurre doux**

Beurrez et chemisez de papier sulfurisé 2 moules à gâteau ronds, de 20 cm de diamètre.

Faites fondre au bain-marie le chocolat, le zeste et le jus d'orange, et l'essence de rhum.

Battez le beurre et le sucre (à l'exception de 1 cuillerée à soupe). Incorporez les jaunes d'œufs un par un, puis le chocolat fondu.

Montez les blancs d'œufs en neige ferme. Incorporez le sucre restant. Incorporez les blancs à la préparation chocolatée, puis ajoutez la poudre d'amande.

Versez la préparation dans les moules et mettez au four préchauffé à 180 °C pour 20 à 25 minutes. Sortez du four, laissez refroidir quelques minutes dans les moules, puis démoulez sur une grille.

Pour le glaçage, faites fondre le chocolat au bain-marie, puis incorporez le beurre, 1 cuillerée à soupe à la fois. Ôtez du feu et remuez de temps en temps, jusqu'à ce que le chocolat ait refroidi. Si le glaçage est liquide, laissez reposer au réfrigérateur. Garnissez l'intérieur et l'extérieur du gâteau de chocolat fondu.

Pour des pétales de violette cristallisés qui serviront à décorer le gâteau, battez 1 blanc d'œuf avec 1 cuillerée à café d'eau. Déposez des pétales de violette propres sur une assiette puis, à l'aide d'un pinceau fin, appliquez du blanc d'œuf de chaque côté des pétales. Saupoudrez de sucre et laissez sécher 1 nuit.

moelleux framboise

Pour **12 parts**
Préparation **10 minutes**
Cuisson **20 minutes**

175 g de **beurre** ramolli
+ un peu pour le moule
175 g de **sucre**
175 g de **farine de riz brun**
+ un peu pour le plan
de travail
3 **œufs**
1 c. à s. de **poudre à lever sans gluten**
quelques gouttes d'**extrait de vanille**
1 c. à s. de **lait**

Décoration
4 c. à s. de **confiture de framboises**
sucre glace

Beurrez et farinez un moule à gâteau rond de 18 cm de diamètre. Mélangez tous les ingrédients du gâteau dans un robot ou dans un saladier.

Versez la préparation dans le moule et mettez au four préchauffé à 200 °C pour 20 minutes, jusqu'à ce que le gâteau ait levé et soit doré. Sortez du four et laissez refroidir sur une grille.

Découpez le gâteau en deux dans l'épaisseur, intercalez une couche de confiture et saupoudrez de sucre glace.

Pour un moelleux au chocolat, suivez la recette en remplaçant 1 cuillerée à soupe de farine de riz par du cacao en poudre. Pour un glaçage au chocolat, délayez 2 cuillerées à soupe de cacao en poudre avec 2 cuillerées à soupe d'eau bouillante et laissez refroidir. Mélangez 375 g de sucre glace et 175 g de beurre ramolli jusqu'à obtention d'une crème légère, puis ajoutez le cacao. Utilisez cette garniture au milieu et sur le dessus du gâteau.

cake moelleux au citron

Pour **12 parts**
Préparation **15 minutes**
Cuisson **35 à 40 minutes**

250 g de **beurre**
+ un peu pour le moule
250 g de **sucre**
250 g de **farine de riz brun**
2 c. à c. de **poudre à lever sans gluten**
4 **œufs** battus
le **zeste** et le **jus** de 1 citron
lamelles d'**écorce de citron** pour décorer (facultatif)

Sirop de citron
le **zeste** et le **jus** de 2 **citrons**
100 g de **sucre**

Beurrez et chemisez de papier sulfurisé un moule à cake d'une contenance de 900 g.

Mélangez tous les ingrédients du cake dans un robot ou dans un saladier.

Versez la préparation dans le moule et mettez au four préchauffé à 180 °C pour 35 à 40 minutes, jusqu'à ce que le cake soit doré et ferme. Sortez du four et laissez refroidir sur une grille.

À l'aide d'une pique en bois, faites des petits trous sur toute la surface du cake. Mélangez les ingrédients du sirop dans un bol, puis imbibez-en le cake encore tiède. Laissez refroidir complètement. Décorez avec l'écorce de citron si vous le souhaitez.

Pour un cake à l'orange et aux abricots, mettez 125 g d'abricots et le jus de 1 orange dans une casserole, laissez frémir 5 minutes puis refroidir. Pendant ce temps, préparez le cake comme ci-dessus, en remplaçant le zeste et le jus de 1 citron par le zeste de 1 orange. Incorporez les abricots et leur jus, transférez le mélange dans le moule et faites cuire comme ci-dessus. Mélangez le zeste et le jus de 1 grosse orange et 100 g de sucre, et imbibez-en le cake encore tiède.

gâteau aux fruits tropicaux

Pour **14 parts**
Préparation **15 minutes** + repos
Cuisson **1 h 30 à 2 heures**

le **zeste** et le **jus** de 2 **oranges**
le **zeste** de 1 **citron**
300 g de **raisins secs**
500 g de **fruits tropicaux secs** hachés
1 c. à s. de **gingembre confit** haché
3 c. à s. de **cognac**
250 g de **beurre** ramolli + un peu pour le moule
250 g de **sucre de canne blond**
100 g de **farine de soja**
125 g de **farine de riz**
1 c. à c. de **mélange d'épices**
75 g de **poudre d'amande**
4 **œufs** battus

Décoration
300 g de **fruits secs** ou de **fruits à coque**
2 c. à s. de **confiture d'abricots** passée au chinois et réchauffée

Mélangez le jus et le zeste des oranges, le zeste de citron, les raisins secs, les fruits secs et le gingembre dans un saladier, puis versez le cognac. Couvrez et laissez reposer toute une nuit.

Beurrez et chemisez de papier sulfurisé un moule carré de 18 cm de côté. Chemisez l'extérieur du moule de papier sulfurisé, en le laissant dépasser de 5 cm.

Battez le beurre et le sucre. Tamisez les farines et les épices au-dessus d'un autre saladier, puis incorporez la poudre d'amande. Ajoutez progressivement les œufs au mélange crémeux, en incorporant un peu de farine s'ils commencent à coaguler. Ajoutez le reste de la farine et les fruits avec le cognac.

Versez la préparation dans le moule et mettez au four préchauffé à 160 °C pour 1 h 30 à 2 heures. Sortez du four, retirez le papier et laissez refroidir sur une grille.

Décorez le gâteau avec les fruits secs ou les fruits à coque et glacez avec la confiture d'abricots.

Pour un cake aux fruits confits, préparez du massepain en mélangeant 375 g de sucre glace, 375 g de poudre d'amande, 2 blancs d'œufs battus et 1 cuillerée à café d'extrait d'amande. Ajoutez un peu de sucre glace si le mélange est trop collant. Formez une boule que vous envelopperez dans du film alimentaire, puis placez au réfrigérateur pour toute une nuit. Préparez le gâteau comme ci-dessus. Une fois qu'il est refroidi, recouvrez-le du massepain.

gâteau à la betterave

Pour **10 parts**
Préparation **15 minutes**
Cuisson **45 à 50 minutes**

200 g de **beurre** fondu
+ un peu pour le moule
200 g de **sucre de canne blond**
200 g de **betterave** crue épluchée et râpée
150 g de **mélange de fruits à coque** entiers, torréfiés et hachés
3 **œufs**, blancs et jaunes séparés
1 c. à c. de **poudre à lever sans gluten**
½ c. à c. de **cannelle moulue**
le **zeste** et le **jus** de 1 **orange**
200 g de **farine de riz**
3 c. à s. de **poudre d'amande**

Décoration
200 g de **fromage frais à tartiner**
1 c. à s. de **sucre glace**
150 g de **mélange de fruits à coque** entiers

Beurrez un moule à gâteau rond et profond de 20 cm de diamètre.

Blanchissez le beurre fondu et le sucre dans un saladier. Incorporez la betterave, ⅔ des fruits à coque et les jaunes d'œufs.

Mélangez la poudre à lever, la cannelle, le zeste et le jus de l'orange, la farine et la poudre d'amande dans un autre saladier. Incorporez le mélange à la betterave et remuez jusqu'à obtention d'une préparation homogène.

Montez les blancs d'œufs en neige ferme, puis incorporez-les à la préparation.

Versez la pâte à gâteau dans le moule et mettez au four préchauffé à 200 °C pour 45 à 50 minutes. Sortez du four et laissez refroidir sur une grille.

Mélangez le fromage frais et le sucre glace, puis lissez ce glaçage sur le gâteau. Décorez avec les fruits à coque entiers.

Pour un gâteau au chocolat et à la betterave, préparez l'appareil comme ci-dessus, puis incorporez 100 g de chocolat noir sans gluten haché. Faites cuire au four puis laissez refroidir. Recouvrez le gâteau de chocolat noir sans gluten râpé.

annexe

table des recettes

petits déjeuners & brunchs

soupes, salades & en-cas

plats complets

cakes & pains

desserts

à l'heure du thé

Découvrez toute la collection :

entre amis

200 recettes autour du **barbecue**

À chacun sa petite **cocotte**

Apéros

Brunchs et petits dîners pour **toi & moi**

Chocolat

Cocktails glamour & chic

Cupcakes colorés à croquer

Desserts trop bons

Macarons et tout petits gâteaux

Verrines

cuisine du monde

200 bons petits plats **italiens**

Curry

Pastillas, couscous, **tajines**

Spécial thaï

Wok le tour du monde des recettes

Petits plats **asiatiques**

200 recettes comme à **New York**

tous les jours

200 plats pour changer du quotidien

200 recettes pour **étudiants**

À table en moins de **20 minutes**

Cuisine du marché à moins de **5 euros**

Les 200 plats préférés des **enfants**

Mon pain

Pasta

Pâtisserie facile

Petits **gâteaux**

Préparer et cuisiner **à l'avance**

Recettes **faciles**

Recettes pour **bébé**

Risotto et autres façons de cuisiner le riz

Spécial **Débutants**

Spécial **Poulet**

Tartes mini ou family

200 recettes familiales **vite prêtes**

bien-être

5 fruits & **légumes** par jour

21 menus minceur pour **perdre du poids**

21 menus minceur pour **garder la ligne**

200 recettes **équilibrées** pour toute la famille

200 recettes vitaminées au **mijoteur**

Quinoa, boulgour lentilles & Cie

Papillotes, la cuisine vapeur qui a du goût

Poissons & crustacés faciles

Recettes **vapeur**

Salades

Smoothies et petits jus frais & sains

Petite bible de la cuisine **sans gluten**

Soupes pour tous les goûts

Pâtisseries & desserts **à la stévia**

SIMPLE
PRATIQUE
BON

POUR CHAQUE RECETTE, UNE VARIANTE EST PROPOSÉE.

MARABOUT
LES PETITS COSTAUDS CÔTÉ CUISINE